自分で何かを溢《こぼ》した覚えもなければ、近くに水気のあるものもない。

タオルを取り出して全てを拭き上げると、そのまま布団に入って寝てしまった。


翌朝、少しだけ寝坊をしてしまう。

寝室を飛び出した山中さんは、また足の裏に湿りけを感じた。

下を見ると、三十センチ程の水たまりがあるが、遅刻する訳にはいかないという思いのほうが強かった。

替えると愛車に飛び乗り、会社へ向かった。
もスピードを出し、結構無理矢理な車線変更も繰り返した。
想よりも早い時間に会社に到着し、遅刻は免れた。
クをしていると、段々、水たまりのことを思い出してきた。
だろう。昨日とは場所も違うし、大きさも違ったなぁ）
ちのけで、原因について考え始める。
か！　上からの水漏れだ！）
た時点で、山中さんは満足した。
が終わった後に峠を攻めに行き、夢中になって走った。
は、やはり午前二時近くになっていた。

室内に足を一歩踏み入れると、水気が伝わる。

（はいはい、水漏れだったよね）

照明を点けて見ると、入り口付近に二十センチほどの水たまりができていた。

いざ、天井を見上げてみると、何処にも水が染みたような形跡がない。

（あれぇ？）

天井の隅々まで確認するが、異常は一切見受けられなかった。

（おかしいなぁ……）

水たまりを拭きながら、また悩み続ける。

そうだ、と朝に気付いた水たまりを拭こうとしたが、その場所には一滴の水すら残っていなかった。

フローリングを触ってみても、水気が浸みた様子を感じることもない。

山中さんの思考は益々《ますます》混乱に陥る。

（あっ、やばい！）

ふと我に返ると、午前三時を過ぎていた。

慌てて布団に飛び込み、寝付きの良い山中さんは即座に熟睡した。

翌朝、寝室から出た山中さんは、我が目を疑う。

リビングの一面に達する程の水たまりができていた。

最早、冠水状態とも思える。

天井や壁を見ても、おかしいところは見つからない。

キッチンの水道の蛇口なども、きちんと閉まっている。

（おいおい、マジかよ……）

原因などは分かる筈もない。ただ、これが続くのは非常に困る。

悩みに悩んだ結果、会社を仮病で休むことにした。

熱がある振りをして、休みの許可は取れた。

次は管理会社への連絡、と携帯から電話を掛ける。

「あー、もしもし。私、山中と申しまして、〇〇パレスに住んでいる……」

通話中の山中さんは、途中から言葉が発せなくなった。

彼の眼前に広がる水たまりが、どんどんと小さくなっていく。

「はい？　山中さんですか？　〇〇パレスの何号室の方ですか？　もしもし、もしもし」

管理会社の問い掛けに、返す言葉も出ない。

その間に、みるみる小さくなった水たまりは、三十センチ程の大きさになった。

そして眼前、一メートル程の高さの空中に浮かび上がる。

そのまま、命でも宿しているかのように球体を形作ると、勢いよくフローリングに落ちた。

『ちゃぽん』

水滴のような音は室内に響き渡り、その水は姿を消した。

「もしもし、どうしました？　もしもし？」

「あー、いや、何でもないです。ごめんなさい、間違えました」

通話を切ると、暫《しばら》く呆然としていた。

少し落ち着きを取り戻した後、フローリングを確認するが、水の痕跡は一切消え失せていた。


「いやー、その後、熱が急に出まして、本当に三日くらいは休んだんですよ」

それから二度ほど水たまりを見たことがある。

いつどのタイミングで出るのかが分からないので、必ず照明を点けたり、明るい中での移動を心掛けている。

それで踏んでしまうこともなくなった。

「だって、気持ち悪いじゃないですか。正体不明なんですよ」

それでも彼が引っ越さないのは、家賃の安さの所為だという。

躾

札幌の西区にある小さな公園でのお話。

最近の風潮から遊具などは撤去されており、遊んでいる子供を見ることも稀な状態である。


松田さんはその公園の近くのマンションに住んでいる。

五歳児の娘を連れて、日曜日になると公園を訪れていた。

いつも切り株のようなベンチに座り、走り回る娘の姿をただ眺めているのが常であった。

同世代の子供も遊びに来ないので、ママ友などもできる筈もない。

娘が満足するまで遊ばせて、帰り道で夕食の食材を買って帰るのが決まりとなっていた。


ある日のこと。

散々走り回っていた娘が、急にしゃがみ込んだ。

何やらじーっと地面を見つめている。

(アリの巣でも見つけたのだろうか?)

そう思いながらも、遠巻きに娘の様子を窺《うかが》っていた。

「ママー、なにこれ？」

娘に近付き、覗き込んでいる物を確認する。

そこには緑色のアメーバー状の物がグニグニと脈打っていた。

そーっと指を伸ばそうとした娘の手を反射的に静止する。

「触っちゃダメ！」

松田さんの剣幕に一瞬ビクつくが、娘の好奇心は止まらない。

「何で？　何でダメなの？」

説明しようにも、このような物を生まれてこの方見たことがない。

「ダメなものはダメ。何でも触っちゃいけないって、いつも言ってるでしょ！」

何とか娘をその場から離そうとするが、娘は頑として聞き入れない。

「じゃあ、見てるだけね。一緒に見てるだけだからね」

娘を納得させる為に、とりあえずは緑色の生き物を観察することにした。

ジョークグッズのスライムに似ているが、それよりももっと濃い緑色をしている。

どうやら微妙に波打ちながら、左の方向へ進んでいるらしい。

捕食するような餌でもあるのだろうか？

周囲を確認しても、それらしいものは見当たらない。

「ママー、動いているね」

夢中になり過ぎて徐々に顔を近付ける娘を、宥《なだ》めながら距離を置かせる。

(何時までこうしていたらいいのだろう。適当なところで切り上げないと……)

松田さんが口実を色々と考えていると、「えいっ」という言葉とともに、娘が人差し指でアメーバーを突いた。

虚を衝かれた松田さんには、そのときの状況がスローモーションのように見えていた。

娘に触れられたアメーバーは、一瞬で二十センチ以上の平坦な楕円になる。

その中央部分に、ネコ科のような金色の眼を出現させた。

目と目が合ったのかどうかは分からない。

驚いている内に全体から黒煙を噴き出し、霧散するのと同時に姿を消した。


「ママーー!!」

娘の泣き声で我に返る。

急いで娘の手を洗わせたいが、その公園には水道がない。

動揺した松田さんは娘を抱きかかえ、全速力で自宅へと向かった。


その夜から娘は高熱を出し、医療機関へ連れていくも三日間は熱が引かなかった。

原因も不明で、松田さんは気が休まらない日を過ごした。

「何かの見間違いだったらいいんですけどねぇ」

後で、娘も同じものを見ていたことを知る。

「怖いよね、怒ってたもんね」

松田さんにはその感情は伝わらなかったが、娘は何か感じ取っていたのかもしれない。

〈兎に角、知らないものを何でも触らない〉

現在も松田さんの教育は続いている。

彼女がいるとき

平田さんは札幌の東区のアパートで生活している。
ある日のこと、彼女が遊びにきていた。
一緒にレンタルビデオを見ながら、ゆったりとした時間を過ごす。
夕方になると、彼女が食事の支度を始めてくれた。
小気味いい包丁の音や何かを炒める音がする。
将来的にはこれが日常になるのだろう。
平田さんはついにやけてしまった。
「もう少しでできるからねー」
「おう」
少しの間を置き、平田さんは今の内にトイレに行っておこうと思った。
ドアノブを握ると鍵が掛かっている。
(もう、早く出てくれよ。美紀……)
少し待つが水の流れる音なども聞こえてこない。
急かすようにノックをすると、中からノックが返ってきた。

「いや、そろそろやばいから、早く美紀出てー」

「何が早く出てって？」

彼の背後に美紀さんが立っていた。

（え、あれ？）

ドアノブを回すと、トイレのドアは普通に開いた。

「そんなことを何回か、やっちゃってるんですよね」

ノックが返ってくるのはいつも、美紀さんが来ているときらしい。

食事の支度や、洗濯をしてくれているのを何故か忘れてノックをしてしまう。

「これって、どういうことなんでしょうね」

彼の疑問は解けそうにもない。

お知らせ

池田さんは札幌市の南区のマンションで生活している。

今は亡き、両親が残してくれたものなので、築年数は相当古い。

それでも思い出もあれば、それなりの広さもある。

一人暮らしとはいえ、快適なものであった。


ある日のこと。帰宅した池田さんは、室内に充満する噎《む》せ返る程のお線香の香りに驚く。

臭いの元を部屋中探してみるが、何処にも当て嵌まる場所はない。

仕方がないのであちこちの窓を開けて、換気をする。

暫くの間換気し続けるが、若干臭いが薄まった状態にしかならなかった。

しょうがない、と諦めて、その日はそのまま寝ることにした。


翌朝、起床するが、まだ室内には臭いが残っているような気がする。

仕事に着ていくスーツの臭いを嗅いでみるが、自分の鼻がおかしくなっているのか、よく分からない。

念の為と、消臭スプレーを振り掛けて、職場に向かった。

数日後、帰宅した池田さんはマンションの入り口で、見知った住人の荒木さんと会う。

「どうもこんばんわ」

いつものように軽く挨拶すると、神妙な顔をした荒木さんが言葉を選びながら話し始める。

「あのね、今日、大変だったのよ」

彼女の話から、色々と事情が分かった。

その日、池田さんの階下で、住人の遺体が発見された。

どうやら孤独死らしいという。

死後数日は経過していた。

異臭に気付いた住民が通報し、事が発覚したという。

「確かにねー、変な臭いがしてたよねー」

そう言われても、池田さんが感じた異臭というなら、お線香しか思い当たらない。

その後は、別に何も気にならなかった。

自分の鼻が鈍感なのかな、と思いつつ、荒木さんと別れた。

同じマンションの住民が孤独死と聞かされると、何とも言えないものがある。

環境や年齢的なことを含めて、とても他人事には思えない。

(まあ、成仏してください……)

池田さんは見知らぬ誰かに手を合わせた。


翌日、取引先の三輪さんと街中で出くわす。

お互いに仕事の途中だったが、丁度、昼時ということもあり、御飯を一緒に食べることにした。

蕎麦屋に入り、会話をしながら蕎麦が出てくるのを待つ。

最近の景気やら仕事の話で盛り上がるが、池田さんにはどうしても気になることがあった。

三輪さんの身体からお線香の強い匂いが立ち上っていたのだ。

会話のタイミングで触れてみようと思っていたが、その間もなく、蕎麦を流し込んだ二人はそれぞれ仕事に戻った。

(だけど営業で、あの匂いは拙《まず》いよなぁ)

そうは思ったが、取引先である以上、触れないことが大人の対応だったと自分を納得させる。


それから二週間ほど過ぎた頃、会社に若い男性が訪ねてきた。

池田さんを指名してきたらしく、応接室で会話をする。

「初めまして。私、アーク工業の明石と言います。今後は前任の三輪に変わりまして、担当を致して参りますので、宜しくお願い致します」

どう見ても大卒の新人らしい雰囲気が漂っている。

「へぇー、この時期に部署替えとかあったんだ。まあ、そんな硬くならないでさ、これまで通りに宜しくお願いしますよ」

明石君は必死に丁寧な言葉で話そうとするが、所々おかしな台詞になってしまうところが池田さんを笑わせてしまう。

「いやー、いいわ君。そういえば三輪さんは元気なの？　まさか大出世してたりして」

おどけた池田さんに対し、表情を曇らせる明石君。

「いや、あの……。ちょっと亡くなってしまいまして……。それで私が担当という形になりまして……」

池田さんは言葉を失う。

（ちょっと前に会ったばかりだよ。あの人、めっちゃいい人だよ。それが何で？）

明石君の説明によると、自宅で突然倒れ、そのまま帰らぬ人となったらしい。

「持病があったの？　心臓発作とか？　え、何で、どういうことなの？」

感情的になった池田さんに、明石君は言葉を選びながら説明する。

「多分……、上司とかなら病名とかを知っているとは思うんですが……、何分、私レベルでは、そういう話は伝わってこないものでして……」

まあ、そうだよな。

取引先の池田さんにまで詳細を説明する義理はない。

ただ、間違いなく三輪さんは亡くなってしまっている。

半ば放心状態になりながらも、丁寧に何度も頭を下げていく明石君を玄関先まで見送ってあげた。


この後、池田さんは同じような状況を三度味わう。

一人目は、やはり取引先の津田さん。

二人目は、仕事帰りによく立ち寄るお弁当屋さんのおばちゃん。

三人目は、後輩の品川君。

皆、突然亡くなってしまった。

最後に会ったときには、それぞれが強烈なお線香の匂いを漂わせていたという。

「これって、ただの偶然ですかね。そういうことが分かる体質になったってことですかね」

後輩の品川君のときには注意をした。

しかし、誰もそんな臭いを発してはいないと言っていた。

実は池田さんも、自身の身体からお線香の匂いを感じたことがある。

それまでの経験に比べて弱い臭いだった為、消臭スプレーを大量に振り掛けると異臭を感じなくなった。

「もし……もしね、そういう兆しというのだったらと思ってね……」

今現在、池田さんは消臭スプレーを持ち歩く生活をしている。

上階の住人

久美さんは札幌市豊平《とよひら》区のアパートの二階で生活をしている。
入居したときから、上の階の住人の足音が響くことが多々あった。
迷惑だな、とは感じつつも、大きさから男性のものと思える。
苦情を言いに行ってトラブルになることは避けたい。
泣き寝入りという形になるが、我慢する日々を過ごしていた。

ある日のこと、帰宅した久美さんは部屋の中央に転がっているビール瓶に気付いた。
不審に思いつつ、少し離れたところから確認する。
瓶の表面は、うっすら埃を被っている。
この瓶は一体何処から室内に入り込んだのだろう。
そもそも久美さんはお酒を飲まない。つまり家の中にビール瓶など存在する筈がない。
そうすると、久美さんではない他の誰かが持ち込んだと考えられる。
（嫌だ、気持ち悪い）
室内の何処かに不審者が潜んでいるのかもしれないと考えるだけで恐怖が走る。

とはいえ、確認しないことはもっと恐ろしい。

クローゼット、ベッドの下、浴室、トイレと人が隠れそうな場所を、恐る恐る確認して回る。

しかし、何処にも人の姿はなかった。

一安心しつつも、そうなると合い鍵を持った人間がいるということになる。

留守中にわざわざ危険を冒してまで侵入したことを考えると、とても普通の人とは思えない。

これは管理会社に話をして、鍵の交換をしてもらうしかない。

早速電話を掛けてみるが、既に営業時間外となっていた。

仕方がないので、翌日に連絡を取るしかない。

ところが一つの問題に気付いた。

(もし、就寝中に入ってこられたら……)

そう考えた久美さんは、ドアチェーンを掛ける。

完全に安心という訳にはいかないが、それでも保険にはなる。

その日の久美さんは、周辺の物音や気配に酷く敏感に過ごした。

シャワーを浴びていても、ドアの向こうから何かの音がしたような気がする。

ビクつきドアをそーっと開けてみるが、静まり返った室内に人の気配はない。

そんなことが何度もあった。

シャワーから出て食事の支度をしていても、何度も背後を振り返ったりする。

過剰になっていることは分かっているが、身体が反応をしてしまう。

いっそのこと、早々に寝てしまおうとベッドに向かうが、そんな矢先にいつもの上階の騒音が聞こえ始めた。

『ドン、ダダン、ドン……』

状況が状況だけに、いつも以上に苛つきを覚える。

(どうしてそんな音を出せるの、ほんと信じられない)

何故かその日はいつもより騒がしく、その度に身体が強張る。

こんな状況ではとても眠れそうにもない。

上の住人が恨めしく思えてきた。

久美さんは横になりながら、天井を睨《にら》みつける。

(いい加減にしてよ、馬鹿)

そう思った瞬間、それに反応するように上階から物凄い音がした。

『ドダァーーン』

驚いた久美さんの身体は完全に硬直する。

しかしそのとき、睨《ね》めつけていた天井に、俄には信じられない光景が現れた。

ビール瓶が一本、スルリと天井を擦り抜けてきたのである。

『ゴトン』
床に転がるビール瓶。
久美さんは我が目を疑う。
見間違い――いや、実物が目の前に転がっている。
じゃあ、天井に穴が……ない。ある筈がない。
唖然《あぜん》としながら、ただただビール瓶を眺めていた。

漸《よう》く落ち着きを取り戻すと、ビール瓶を確認する。
やはりこのビール瓶にも、うっすらと埃が積もっている。
（一体、どういうことなの？）
天井を見つめて考え込むも、答えなど出る訳がない。
そして、いつの間にか、上階の騒音が消えていることに気が付いた。
こんな状況では、静かになったからと言っても落ち着いて眠れない。
結局、寝付けないまま、朝を迎えた。

翌日のお昼休みに、職場から管理会社へ連絡を取ってみた。
もしかしたら、入居時に鍵の交換がされていないのでは、という問いには〈間違いなくされている〉と返された。

ビール瓶のことには触れることはできないが、上階の住民の騒音は苦情を入れても問題ないだろうと考え、やんわりと説明をしてみた。

「えーと、上の階の方ですねー。……えーと、ただ今、空き室となっていますが」

そんな筈はない。足音のような騒音が兎に角酷い、と訴えるも、「もしかしたら、お隣の音かもしれませんねぇ。振動が壁を伝って、上から聞こえたような気がしたのかもしれませんよ」と管理会社は言う。その結果、何処の部屋からの苦情、とは分からない形で、全世帯にチラシを配布することとなった。


管理会社の仕事が速いのか、帰宅したら早くもチラシがポスティングされていた。

そして、上階からの足音も、相変わらず聞こえていた。


「色々考えたんですが、やはり出ていこうと思っています」

今現在、ビール瓶が転がる頻度は、二、三週間に一回くらいであろう。

気にしないという選択肢も一度は考えたが、万が一、自分の頭にビール瓶が直撃したら、と想像してしまった時点で住み続けることは不可能となった。

久美さんの物件探しは、現在進行形である。

ワキャワキャワキャ

札幌市豊平区のあるアパートでのお話。

砂川さんは１ＬＤＫの住まいで六年程生活していた。

とても広いとは言えないながらも、独り身の生活では特に不便もない。

通勤も自家用車を使用する為、公共交通機関から遠くても何の問題もない。

ありきたりではあるが、職場と家を往復するだけのごく普通の生活をしていた。


ある日の朝。

布団から起き上がると、視界が歪む。

ただ歪んでいるだけではない。通常の色彩に、極彩色が混じりこんだような濁り切った視野に唖然とした。

（疲れてるのか……？）

ここ数日は、自覚するような疲労を感じてはいなかった。

とりあえずはこんな状況では通勤するのもままならないように思えた。

会社に休みを取ることを伝えると、また一眠りした。

昼過ぎに十分な睡眠を感じて目を覚ます。

だが、色彩の濁った感覚はそのままで、ピントも上手く合わせられない状態であった。

簡単に、疲れからくる目の異常だと決めつけていた。

だから一眠りすれば治るものだと思い込んでいた。

焦りつつ、目を開けていると段々と吐き気まで感じてきた。

(これは眼科なのか？　いや、脳神経とか？)

異常事態に動揺を隠せない彼は、救急車を呼ぶためにスマホに手を伸ばそうとした。

だが、枕元に置いてあった筈のスマホが見つからない。

布団をめくり上げて探すも、何処にもその姿はない。

そうこうしている内に強烈な睡魔に襲われた彼は、布団に倒れ込むように意識を失った。


どれくらい時間が経ったのだろう。

何故か目を開けられない状態ではあるのだが、耳元で話し声のようなものが聞こえる。

話している内容を確認しようと耳を澄ますのだが、どうにも理解ができない。

日本語であるのかどうかも怪しいが、テープの早回しに近い言葉の羅列がひたすら聞こえるだけだった。

(自分はもう死んでいるのかもしれない……)

ワキャワキャワキャ

そう覚悟した瞬間、パチリと瞼《まぶた》が開いた。

反射的に跳ね起き上がると、歪んだ視界の中央に小さな人影のようなものが二つ見える。

無意識に焦点を合わせると、人影は緑の何かに隠れる。

そこを見据えていると、視界は徐々に鮮明になり、通常の視野を取り戻すことができた。

枕元に転がっていたのは、小さなフキの葉が二つ。

恐る恐る葉を指で持ち上げてみると、姿は確認できないが、先のテープの早回しのような声がアパートの玄関に向かって遠ざかっていき、やがて何も聞こえなくなった。


処分に困ったのは二枚のフキの葉。

どうしたものかと思い、とりあえずは食卓テーブルの上に載せておく。

翌朝、彼が目覚めると、どちらの葉も真っ黒になっていた為、生ごみに混ぜて廃棄処分にした。

黒い化身

和田さんは札幌市の清田《きよた》区に住んでいる。

先の北海道胆振《いぶり》東部地震では液状化現象により、周囲の住宅が大きく傾いた。

偶々なのか、和田さんの家は揺れによる落下被害はあったものの、建物そのものには影響がなかった。

その地震が起きる丁度一週間前のお話である。


和田さんは奥さんと二人暮らしをしている。

高齢の夫婦は二十一時を目途に就寝する習慣が付いていた。

その日も布団を並べて眠りに就いた。

どのくらい寝たのだろう。

妻の魘《うな》される声で目が覚めた。

「おい、おい、どうした？」

悪い夢でも見たのだろうと、寝ながら片手で身体を揺り動かす。

しかし妻は目覚めることなく、魘され続けている。

その状態が五分も続くと、流石に和田さんも心配になってきた。

起き上がり、両腕で肩を揺さぶる。

「おい、起きろ。起きろって」

寝惚け眼の妻は漸く反応し、起き上がる。

「お前、酷く魘されてたぞ。怖い夢でも見たのか？」

彼が笑いながら問い掛けるも、妻は反応を示さない。

妻の顔を覗き込むと、目は開いている。

（寝惚けているのだろうか？）

そう思い、放っておいて寝直そうと横になる。

「……から終わる……」

ぶつぶつと何かを話す妻の声が妙に気に掛かる。

まだ寝惚けているのかとも思えたが、和田さんはそれだけではない気がした。

「どうしたのよ、お前」

妻と向き合う形で座り、問い掛ける。

しかし依然として妻は変わらぬ状態で、ぶつぶつと何かを言い続けている。

これまでにそのような状態になったことは一度もない。

やはりこれは何かがおかしい。

幾ら大きな声で名前を呼ぼうが、身体を揺さぶり続けようが、魂の抜けたような妻の状況に変化はないままだ。

（救急車を呼ぶしかないか）

そう思い彼が立ち上がった瞬間、妻は大きく一度身体を揺らし、我に返った。

「大丈夫か？」

真剣に心配する和田さんに対し、「怖かったー」と一言だけであっけらかんとしている妻。

彼女は夢を見ていたという。

いつものように二人で就寝していた。

すると揺れを感じ、目が覚めた。

携帯の緊急地震速報のアラーム音が鳴り続け、どんどんと揺れが大きくなっていった。

箪笥《たんす》の上の荷物などが落下し、別の部屋からはガラスの割れるような音まで聞こえてくる。

夫婦は部屋の中央の布団の上で抱き合い、揺れが収まるのをただただ祈っていた。

その瞬間、彼女の身体から魂が抜け出たようになり、意識体のような彼女は猛スピードで上昇する。

例えるなら、激流の中を逆らうように泳いでいる感覚だったという。

気が付くと、彼女は空中にいた。

暗闇の中ではあるのだが、何処かの町を見下ろしているような気がしていた。

車のヘッドライトだろうか、ぼんやりとした小さな明かりがポッポッと光ると、別の場所から赤い揺らめきが灯る。

（大変、火事！）

そう思った瞬間、地上から近付く気配を感じた。

気配は空中で留まる彼女に迫るにつれ、どんどんとその大きさを増していく。

すぐ足元まで来た瞬間、それは人型であると理解した。

巨大な黒いマネキンというのが近いのかもしれない。

それは右手を伸ばしながら飛来し、彼女を片手で鷲掴みにすると、物凄いスピードで地上へ引き返す。

勢いのまま地上に叩きつけられる、と思った瞬間、彼女は目が覚めた。

「何だそれ、馬鹿らしい」

和田さんは呆れてしまう。

心配した自分は何だったのか。妻には酷く寝惚ける癖があったのか。

彼は布団に潜り込み、早々に眠りに就いた。

翌日の夜、和田さんは夢を見た。

緊急アラーム音が響く寝室で、妻を抱きかかえながら揺れが収まるのを待っていた。

すると足元に別の振動を感じた。

床面は振動が大きくなるにつれ、ぐにゃぐにゃに波打ち、彼の足が沈んでいく。

彼は必死でその場から離れようとして、足を引き出そうとする。

そうして藻掻《もが》いている内に、自分の身体が宙に浮いていることに気付いた。

隣にいた筈の妻の姿は何処にもない。

夢だからなのか、その状況をすんなり受け入れ、彼はまだ床に沈んでいる右足を両手で引っこ抜こうとする。

抵抗を感じながらも、力ずくで右足を引き抜いた。

床から抜けた足に付随するように、黒い腕が付いてきた。

その腕は彼の足首をがっしりと掴んでいる。

恐怖を覚えた彼は足をぶん回し、腕を離そうとする。

——ずるり
勢いにつられたのか、床面から黒いマネキンが上半身だけ飛び出した。

その顔はのっぺりとしており、若干の光沢がある。

目は存在していないが、強烈な視線を感じ、その恐怖で夢から覚めた。

和田さんの全身は冷汗で覆われ、息遣いも荒くなっていた。

横を見ると、また妻が魘されている。

「おい、起きろって」

揺り起こすと、「また嫌な夢……」と零した。

何故だか分からないが、和田さんは同じような夢だったのだろうと思えた。

その夜は何も語らず、妻の夢にも触れようとはせず、「もう寝るぞ」と言い切り寝直した。


翌朝になり、漸く昨日の夢について訊ねた。

妻はやはり大きな地震の後、地面から水が湧き出て家が傾いたり、沈んだりしていった光景を見たらしい。

気になったのは地面から水が湧き出てきたときのこと。

その濁った水面から、また黒いマネキンが上半身だけをヌッと出してきたらしい。

顔がない為、通常は表情を出せない筈だが、笑っているように見えたという。

それが空恐ろしいものに思えていた。

周囲の家が大変な目に遭っているのを、ただ笑っている存在。

人知を越えた存在のようで、彼女は夢の中で心から震えていた。

そして和田さんに起こされたという。

その日の夢の景色は近所だったような気がする。

ただ、夢から覚めるとはっきりとは断言はできない。

「そうか……」

妻の話を聞くまでは、自分の見た夢は妻の話を聞いた影響だろうという言い訳ができた。

だが、夢で済ませられない〈何か〉を夫婦ともに感じていた。

早速、その日は仲良く買い出しに出掛けた。

それまでに用意したこともない災害用の備品類。

水、食料、電池、暖房器具、等々、数もそうだが、高齢の二人にとってこの作業は重労働であった。

夜になり、へとへとになって帰宅する。

夕食も早々に、和田さん夫婦は眠りに就いた。

その夜もやはり夢に見た。

大きな揺れとともに現れる黒いマネキン。

状況は夫婦の間で違いはあれども、やはりマネキンの存在に震えることとなった。

連日、地震の夢が繰り返され、遂に震災の日を迎える。


最初に妻が見た夢の状況がそのままであった。

停電が起こり、揺れが落ち着いたのを見計らって、外の状況を確認する。

ポツポツと車のエンジンが掛かり、ヘッドライトが周囲を浮かび上がらせていた。

正夢だったか、と思うのと同時に、これから被害が拡大することは容易に想定できた。

「うちはね、運が良かっただけですよ。すぐ目の前の家の人なんて、ローンと住めない家だけが残った状態ですからね」

当時、和田さん宅は食料や水にも困ることはない。

それでも電気が復旧するまでは心細い生活を余儀なくされた。

「単に夢の話だと思うでしょ？　でもあの日、外を見たうちら二人ともが、地面から上半身だけを飛び出させている黒いマネキンを見てたんですからね。あれが無関係だとは、とても思えないんですよ」

それ以降、和田さん夫婦は夢にも、現実にも、黒いマネキンを見ることはなくなったという。

手稲区のコンビニ

「多分……、始まりはコンビニだと思うんですよね」

松永さんは仕事終わりに、札幌市の手稲《ていね》区にある一軒のコンビニに立ち寄った。

時刻は二十四時を回った頃、残業でおなかが空いていた為、コンビニ弁当で晩御飯を済ませようと考えていた。

買い物を終え、出入り口から一歩出た瞬間、目の前に横たわっている人に気付いた。

咄嗟《とっさ》に跨《また》ぐような形でやり過ごす。

(危ないだろ、この野郎)

いざ振り向くと、そこには人の姿はなかった。

自分の見間違いだったのか、と思い直す。

確かにその場にいたように気がしたのだが、よくよく考えると人だと思ったのは真っ黒な人影であった。

既に周囲は暗がりに包まれている為、街灯などの光の関係でそう見えたのだと自分を納得させ、車に乗り込む。

そのとき、ゾクリとした悪寒が一瞬背中を走ったが、それも気の所為とアパートへ向かった。

遅い晩御飯を済ませると、翌日も朝早くからの仕事に備えて早々に寝床に就く。

その夜、彼は夢を見ていた。

全く見覚えのないトンネルの前に立っている。

どうやらコンクリートでできたものではない。大きな岩山をくりぬいて作られた小さなトンネルは、その場から見える限りでは照明のような物は見当たらない。

不気味さを感じ、中に入ることを暫く躊躇《ためら》っていた。

やはり引き返そうと思い後ろを向くと、獣道のような一本の小道がまっすぐ伸びていた。

道の両端は生い茂った草に覆われ、侵入するのを拒まれているような気がした。

仕方なしに夢の中の彼は、とぼとぼとその道を進んでいく。

暫く歩いた気がしてきた頃、ガサッという草を踏み潰すような音とともに、人が目の前に倒れ込んできた。

眼前に転がる人は、焼死体と思える。

全身が黒く炭化したような姿は、髪の毛も存在せず、顔のパーツすら判別不能であった。

その場で震え、逃げ出したくても足が動かない。

心の中で何かに助けを求めた瞬間、目が覚めた。

反射的に上半身を起こし、夢であったことに安堵《あんど》する。

身体には信じられない量の冷汗が噴き出しており、夢に怯えていたことに気付かされる。

(んっ?)

布団越しに、足元に何かの重みを感じる。

嫌な予感がしつつも照明を点けてみる。

——夢で見た焦げた人が眼前に横たわっていた。

そのまま松永さんは気を失う。

目が覚めると、いつの間にか朝になっており、夜中に見た人の姿は消えていた。

咄嗟に、布団に焦げた跡などがないかを確認するが、黒ずんだような箇所は見当たらない。

ただ、鼻を衝くような強烈な臭いだけが部屋の中に漂っていた。

松永さんはすぐさま窓を全開にした。いつもの出社時間まではまだ余裕があるのだが、その場にはいられない、と会社へ向かった。

その日の仕事は何事もなく終わった。

定時に上がり、テレビを見ながら時間を潰す。

しかし、彼の頭の中にはどうしても昨日のことが思い出される。

夢だ、錯覚だ、と自分に言い聞かせるが、何処かで恐怖に駆られていた。

ぼんやりとテレビを見続けていると、二十三時を過ぎた頃、急激に眠気が襲ってきた。

このまま寝てしまえ、とばかりに布団に潜り込む。

暫くの間は熟睡していた。

が、突然、足元に熱を感じて目が覚めた。

慌てて照明を点けると室内は煙に包まれていた。

どうやら布団の足元の付近から、ぶすぶすと黒煙が上がっているようだ。

叩いて消火しようとするが、埒が明かない。

ままよ、と布団を丸め込んで担ぎ上げると、風呂場へと走る。

そのまま布団を浴槽に放り投げると、勢いよくシャワーを出し、火の元を漸く消した。

精神的にも疲れ果てて室内に戻るが、まだ煙は漂っている。

家中の窓を全開にし、転がっていた小冊子を団扇代わりにして、煙を外へ追い出す。

視界がクリアーになってきた頃、やっと一息つけた。

リビングにどっかりと腰を下ろすと、煙草に火を点けながら色々と考え込む。

(しっかし、火災報知器が作動しなくて本当に助かった。こんなのが管理会社に知れたら、大変なことになっていた。絶対、寝煙草だって言われるだろ)

動転している頭の中では、そもそもの原因については一切考えられなかった。

(あっ!!)

布団も早急に処理しなければならない。

アパートのゴミステーションに捨てると、他の住民から管理会社へ連絡が行くかもしれない。

幸い時刻は三時を回った頃である。

平日のこの時間なら、他の住民と出くわす可能性も少ない。

彼は早速、大量の水を吸った布団を浴槽から取り出し、踏みつけるようにして水気を絞る。

布団が入りそうな袋はない為、そのままの状態で車に積み込むと適当に車を走らせた。

二十分程のドライブで、普段、自分が通らない場所のゴミステーションを見つけた。

ゴミステーションの前に車を停めると、付近を窺う。

タイミングを見計らい、今しかないと布団を投げ捨て、逃げるように家路に就いた。


帰宅した松永さんは完全犯罪を成し遂げたように満足する。

(これでもう大丈夫だ)

安心し切った頃に、漸く頭が冷静に働きだした。

(いやいや、そもそも何で火が出たんだ?)

彼の寝室には火の気のようなものはない。

煙草だって必ずリビングで吸う癖が付いている。寝煙草などは絶対に起こさない。

脳裏に、あの黒い人影が浮かび上がる。

偶然という言葉では片付けられない。何らかの関連性を感じて、彼は震え上がった。

（こんなときはお祓いか？　いや、除霊とかのほうがいいのか？　いやいや、何処の誰に頼ればいいんだよ）

　答えの出ない思考は堂々巡りに陥り、気が付くと朝を迎えていた。


　それから一週間は何事もなく過ぎた。

　夢に見ることもなければ、黒い人を見ることもない。

　忙しい日々に追われ、彼は一連のことを忘れかけていた。


　その日は午前中に取引先に提出する資料を纏め、午後から社用車に乗りお得意先へと向かった。

　相手方の会社まで後十キロ近くまで来たとき、目の前を黒い人影が横切った。

　事前に、歩道にそのような人がいたのは全く気付かなかった。

　急ブレーキを掛けるが、タイミング的には完全に轢《ひ》いてしまった。

　しかし、車には一切の衝撃がない。車を停車させて周囲を確認するも、人の姿は何処にもなかった。

　やはり、何処かで気にしていた為、錯覚を見たのだと自分に言い聞かせる。

　そして気を取り直して車を発車させた数十秒後、松永さんの運転する社用車のボンネットから煙が上がりだした。

慌てて車を路肩に寄せると、その場から離れる。
警察に通報すると五分も経たずに警察車両と消防車両が到着した。
取引先にも事情を説明し、その日の打ち合わせは中止となった。
結局、社用車のエンジンルームは全焼し、廃車処分となる。
実況見分が終わると、松永さんはタクシーを捕まえて帰社した。
すぐさま上司への報告と形式上ではあるが、始末書を書かされる。
(ついてねぇ……。何もしてねぇのに……)
やるべき仕事のスケジュールはびっしりと詰まっていた。
今日の仕事が後日になることで、調整やら残業が増えることは確定していた。
松永さんは定時までに日程を変更してくれるよう、取引先への電話業務に費やした。
何とか目途が立った為、そこから資料や見積もりを作り始める。
(丸々一日潰れたようなもんだからな)
必死に作業をしているとおなかが空いてきた。
「すいませーん、今日は何時予定ですか?」
声に振り向くと、巡回の警備員が立っていた。
時計を見ると二十三時を回っている。
「あー、そろそろキリがいいので上がります」

「そうですか、ではフロアーの警備をお忘れなく……」

突然、遠巻きに会話する二人の間を黒い人が横切った。

何処から現れたのかも分からない。

が、黒い人はどんどんと松永さんのほうへ近付いてくる。

どうやら警備員も気付いていているようだ。

驚いた表情のまま、目は黒い人を追っている。

松永さんは恐怖に駆られ、声を発することも動くこともできない。

(助けて！　お願いだから助けて！)

警備員に懇願の目を向けるが、状況を理解できていないようでただ立ち尽くしている。

黒い人は彼の真横まで近付くと突然方向を変え、真後ろの席に腰を下ろした。

背中合わせの状態ではあるが、強烈な圧力のようなものを発してくる。

振り向きたくはない。だが、怖い。

松永さんはできる限り首を回し、視界に入るギリギリのラインを確保し続ける。

(消えろ！　消えろ！　消えろ！)

心の中でその言葉だけを叫び続ける。

「危ない!!」

警備員の声が聞こえた瞬間、黒い人はその身体をねじるようにして松永さんに飛び掛かってきた。

彼は反射的に椅子から崩れ落ちると、黒い人は眼前でその姿を消した。

ホッと安堵する間もなく、黒い人が座っていた椅子から火柱が上がる。

その熱量から逃げるように、松永さんは床を転げ回った。

「本当に火柱っていう感じで、幅は五十センチもないとは思うんですが、天井まで焦がしましたからねぇ」

スプリンクラーも作動し大事には至らなかったが、現実離れした状況に松永さんと警備員は放心するしかなかった。

「結局ね、スプリンクラーの所為で、周囲のパソコンや資料やら、全部パーになりましたよ」

幸いに警備員という証人がいた為、彼の不祥事扱いにはならなかった。

ただ上司に当てた報告書では、〈黒い人〉のことは一切触れられていない。

原因不明で突然出火したということになっている。

警備会社からの報告も同じ内容だったのだろう。

二人とも大人の対応を選んだ。

それから半年が過ぎたが、松永さんは黒い人に遭遇していない。

ただ、彼は安心していない。

いつまた何処で会うか。あの黒い人に今度こそ掴まれでもしたら、自分が焼死するのではないかと不安な日々を過ごしている。

愛してるよ

恵庭《えにわ》市に在住の田代家では三匹の猫を飼っていた。

一番上がアメリカンショートヘアーの辰でその下がキジトラのミニ、最後が黒猫のクロという構成である。

他の二匹に比べ辰は十九歳と大変高齢であった。

だが餌はカリカリを食べて、歯の丈夫さをこれでもかと見せつける。

若い頃はふくよかな真ん丸にゃんこであったが、流石に年相応に身体は痩せ細り、足取りもおぼつかなくなっていた。

そんな辰でも二階までは上がってくる。

ウサギのように後ろ脚を揃えてジャンプしながらでも上ってくる。

辰は田代家の家族が大好きで、自分は常に一緒にいたいと思う性格だったのだ。

他の二匹も辰のことはボスと認めている為、仲が良くても一線を弁《わきま》える。

一方、辰は辰で簡単には動じない性格であるので、クロが遊びに夢中になり過ぎて間違って辰の頭を叩こうと、顔を歪めることもなく、風でも吹いたのかとやり過ごす。

いい関係が田代家の中で築かれていた。

そんなある日のこと、いつものように時間が流れていた。

辰もおなかが減ったら御飯を食べて、眠くなったら一眠りをする。

変わりのない日常が訪れる筈であった。

時刻は十九時の少し前、家族の発見で大騒ぎになる。

「辰がおかしい、早く早く」

田代家が勢揃いすると、力なく横になった辰の姿があった。

苦しそうな息遣いと、何とか呼吸を補助しようとする飛び出た舌が、状態を語っていた。

田代家の猫達は健康である為、あまり動物病院には行かない。

それでもかかりつけに頼ろうと考えたが、営業時間外で連絡が付かなかった。

(どうする。このまま見ているだけなんて、とても無理……)

慌ててネットで検索し、夜十九時まで営業の病院を見つけ出す。

「すみません、何時まで営業ですか?」

「十九時ですが、何かありましたか?」

急いで辰の状態を伝える。こちらの緊迫感が伝わったのだろう、すぐに向かってくださいと受け入れを認めてくれた。

父、母、娘の三人が辰を乗せて車を走らせる。

病院へ辿り着くと、すぐさま処置に取り掛かってくれた。

待合室で待つ家族に、呼吸を知らせるピッ、ピッ、ピッという電子音が聞こえてくる。その音が一定間隔ではない。乱れた音が聞こえる度、家族の心は締め付けられる。

二十分程過ぎた頃だろうか。家族は治療室へ呼ばれた。

心電図を取り付けられ、酸素吸入もされている辰の姿に涙が零れた。

「田代さん、まずは状況を説明させていただきます」

レントゲンでは肺に腫瘍のような影が映っているという。

ただ、今回の事態は高齢によるものだと考えられる。

「辰ちゃんを診察した時点で、血圧は計測不能でした。通常、そのような状況になると、脳にまで血が回らず、障害を負ってしまうこともあります。今、血圧を上げる薬を投与していますが、その効果が何時まで続くかは分かりませんし、打ち続けるということもできません」

先生が何を言おうとしているのかは、家族にはよく分かる。

こちらの気持ちを考えつつ、遠回しに伝えようとしてくれていた。

「そこでです。どうするかを選んでいただくことになります。できる限りの処置をし続けろと言うのであればそうしますが、いつまでもつのかは分かりません。明日の朝までかもしれませんし、五分後かもしれません」

うんうん、と家族は泣きながら頷くことしかできない。

「辛い選択なのは重々承知の上ですが、個人的な意見を述べさせていただくと、十九歳ですよね？　そこまで長生きをされたのであれば、家に帰りたいと思う筈です。家族に見守られて最後を迎えたいと思う筈です」

「づれでがえろう……な」

涙と鼻水で声が出ない父の言葉に、家族は頷いた。

「ただ……先生、苦しまないようにしてあげることはできませんか」

先生は逡巡《しゅんじゅん》した後、「よければお家まで行きましょうか」と提案してくれた。

辰を家に連れ帰り、家族みんなに見守られた後で、安楽死という選択である。

「少し準備をして出ますので、お先に帰っていてください」

父の運転する車は発進する。

家までの道中、母が「大丈夫？　辰、大丈夫？」と繰り返す。

娘は「弱いけどまだ呼吸をしている。まだ大丈夫」と答える。

家までの時間が酷くもどかしいものに思えた。

「辰が息してるか分かんなくなったー」

娘の叫びに家族は震えた。

信号待ちで父が振り返ると、目から光が失われた辰の顔があった。

口は開き、舌も少し出ている。

ただ呼吸はしていない。ピクリともしてくれない。

「辰、死んじゃった」

父の言葉で皆の中では確定事項に変わった。

家に帰ると留守番をしていた家族が出迎える。

「辰は？　大丈夫？」

「いや、間に合わなかった」

「病院まで無理だった？」

「いや、連れ帰る途中で……」

今、先生が向かってくれていると、ここまでの事情も話す。

悲しみに包まれた家族に囲まれ、辰はただただ横たわっていた。

ミニもクロも理解できてはいないのだろうが、それでも辰の様子が普通ではないということを遠巻きに窺っていたように見える。

程なく先生が到着し、間に合わなかったことを伝える。

「すみません、タイミングを逃しましたか……」

田代家としては時間外の治療も含め、自宅まで出張してくれたということに感謝の気持ちしかない。

「わざわざ来ていただいたのに申し訳ありません」

父が頭を下げると、「よろしければ、最後の処置をさせていただけませんか？」と先生は申し出てくれた。

所謂エンゼルケアである。

辰の口とお尻に綿を詰めながら、先生は家族の心のケアもしてくれた。

十分長生きをした。天寿を全うした。こうして家族に囲まれて、幸せな猫だった、と繰り返してくれた。

辰を火葬するまでの間、保冷剤などで冷やしてあげたほうがいい、などというアドバイスを伝えた後、先生は帰宅した。

その後、暫くは辰の周りで皆が涙を流し続けた。

「ダメだ、キリがない」

母の言葉で一度冷却する時間を設ける。

皆、一室に集まって、辰のことについてあれこれと話をしていた。

その頃から、ミニとクロが不審な動きをし始める。

何かに怯えるようでもあり、キョロキョロとやたらに周囲を見渡す。

「あー、それ、辰が見えてるんだわ」

父には霊感があることは家族も知っていたが、動物までが見えるとは知らなかった。

父の話によると、まだ老齢の身体の状態で突然現れ、いきなり姿を消すという行動を繰り返しているらしい。

恐らく辰自身にも上手く制御できていない状態であるようだ。

ただ、ミニとクロにとっては堪ったものではない。

亡骸の辰がいると思えば、突然あらぬ方向から姿を出したり消したりし続けるのである。パニックを起こすのは当然 y7であった。

「まあ、いずれ慣れていくさ」

父は呑気にそう話す。

ミニは父や娘にべったりとなり、守ってもらおうという魂胆が丸分かりであった。

一方、クロは元々小心者の性格である為、常に周囲を警戒し、何もない空間を見てはビクついていた。

その日は泣き疲れもあったので、零時を回る前に、皆は布団に入った。


翌日、辰の火葬場所を探す。

ネットで調べてみると、家まで出張してくれて、火葬専門車が対応をしてくれるサービスを見つけた。

早速申し込むが、翌日の対応となってしまう。

それならば、と辰に供えるお花やお骨になった辰用の仏具を買いに出掛けることにした。

その間、ミニとクロはまだ亡き辰の行動に慣れないようで、家中をバタバタと逃げ回り続けた。

買い物を済ませて帰宅しても何かの折に、皆は辰の亡骸の前に集まってしまう。

顔を見ると思い出が蘇り、涙が止まらない。

優しく撫でるが、硬直した身体が現実を教えてくれる。

(明日まで……)

どんどんと迫る時間が、より寂しさを増幅させた。

その夜、ミニとクロは家族のすぐ近くに陣取り、右、左、上と顔を常に動かし続けていた。

右と左は父親の話から分かるが、上の意味が分からない。

そう父に訊ねると、「いや、本当に上にいるんだって」と言う。

「多分な、ここからこっちに移動しようと辰は考えているのよ。その空間移動中に、姿が出ちゃうんだな。だから、下側にいるときは普通に歩いてるけど、空中のときには動きが止まっているもの」

何となく理解できる辰の行動に、家族は揃って泣き笑いした。

その翌日、家を出て働いている息子も駆け付けた。

家族揃っての辰のお見送りとなる。

火葬業者が到着し、一連の流れの説明を受ける。

火葬車は後部ドアを家の玄関口に向けて停まり、田代家は車と玄関の間のスペースで色々と段取りを進める。

その後、焼却炉に辰の身体を乗せて、最後のお別れをする。

お線香を手向けて揃って合掌をした。

(ありがとう……)

「それでは扉を閉じさせていただきます」

静かに重い扉は閉められ、火葬に入ったことは音で分かった。

「御家族の方はお家に戻ってください。終わりましたら、また呼び鈴を押しますので」

その言葉の直後、父親は玄関のほうから辰の気配を感じた。

家族のみんなは辰が焼かれている炉を見つめている。

父親がそっと玄関のドアを開けると、上がり框《かまち》でこちらを凝視している辰の姿があった。

大人びた表情の辰の目は、家族の背中に釘付けになっている。

家族はそれに気付かずに、炎の入った炉をただただ眺めている。

父親は辰と家族の背中を見守っていた。

(辰、みんなお前のことが大好きだったんだよ。分かるよな)

辰の目は猫のものとは思えない程の、複雑な心境を物語る。

父親はそれを感じ取って、号泣をした。


約一時間半が経過した頃、火葬が終わったと呼び出しがあった。

開かれた扉の先には、姿の変わった辰の姿が見える。

「あー、ちゃんと骨が残っている」

家族の心配は、辰が高齢であったので骨が残らないのでは——というものだった。

しかし辰は高齢猫ではあったが、立派な骨を田代家に残してくれた。

骨壺に納められた辰は、母親の部屋に祀《まつ》られる。

全てが落ち着いた訳ではないが、一区切り付いたことで田代家はある種の癒しに包まれた。

時間が経つにつれ、全てが良い思い出に変わっていく。そうして、本当の意味で辰は生き続けるのであろう。


その一方、ミニとクロである。

火葬が終わった後も、やたらと周囲を警戒して落ち着かない。

夜になると鳴き叫び、部屋に入れてくれとねだる。

一緒にいさせてくれ、と鳴き続ける。

再確認しておくが、生前は仲の良い三匹であった。

一緒に寝る姿が当たり前の三匹であった。

……どうやら、人だけではなく、猫にとっても霊体は怖いものらしい。

アパートの変化

恵庭市のとあるアパートのお話。

六世帯が居住可の古い建物だが、全室埋まっていた。

家賃が安いこともあり、高齢の老夫婦や母子家庭世帯、単身者などが入居していた。

入居者は上手い距離感を保ちながら、それなりに仲良く暮らしていた。

あるときを境に、細い道路を挟んだ向かい側に、新築の住宅が三軒建ち始めた。

ここからこのアパートの状況は変化していく。


そこで生活をしていた戸田さん。

次男坊との母子の二人での生活。

時折、別の場所で生活している長男が泊まりにくることもあるが、何不自由ない生活をしていた。

アパートの入居者は大家とも仲が良く、戸田さんに関して言えば長男が遊びに来た際も道路の端に車を駐めることを黙認してくれていた。

向かいの住宅の工事も終わり、次々と新築家族の生活が始まる。

特に引っ越しの挨拶などはなく、お互いに干渉することはない生活が始まると思っていた。

その後、問題となったのは三軒の一番左端の家だった。

奥さんの性格が色々と細かいらしい。

周辺の環境にまで、色々と口を出してくる。

無関係だと思っていたアパートの住人達にまで、あれこれと注文を出してくるようになってきた。

中には理不尽な内容も多く、皆は〈頭のおかしい人〉という認識になる。

戸田さんも結構はっきりと物を言う性格なので、その奥さんとの衝突は数多くなっていく。

自分に言われるのも腹立たしいが、他の住人に対しての態度も許せない。

毎日、神経を尖らせる生活が続くこととなる。


その頃、戸田さんの身体にも変化が起きていた。

少し前から違和感があり、病院で検査をすると腫瘍があるという。

病理検査をしたほうがいいとは言われていたが、仕事の都合もある為、言い訳をしつつ引き伸ばす。

三カ月、六カ月と過ぎた頃、また病院へ行くと、「今は癌ではないが、癌になる可能性もある」

と言われた。

しかし戸田さんの性格的には、正直あまり気にはならない。

それなりに十分に生きた、という思いが一番にあったからだ。

自宅に帰り、次男へ状況を説明する。

子供と話をすることで、心境に変化が生じてきた。

(成人しているとはいえ、まだ結婚をしていない子供達を残していく訳にはいかない)

仕事を辞めて、手術をする決意をした。


それから日は経つ。手術は無事に終わったが、暫くの間、入院生活を送ることとなった。

ある程度まで回復し退院するが、日常の生活が困難な日々が続く。

その間も、件の問題主婦の行動に変化はなかった。

あれこれと周辺住民とのトラブルは続く。

戸田さんの性格上それを見過ごすことはできないが、身体にかなりの負担が掛かる。

そうした状況を見かねてか、次男がこんな提案をした。

「いっそ、中古住宅を購入したらどうだろう」

ローンの審査から順調に物事は進んでいくが、そんな矢先にアパートの住人から一つの話を聞かされる。

「田辺さんのところ、強制退去させられたらしいよ」

戸田さんの部屋とは、アパートの端と端になる位置関係で、彼女が知らない内に追い出されたという。

強制退去となると余程の理由がなければ有り得ない。

あの温厚な大家を怒らせることなどあるのだろうか？

そうなると、あの奥さんが絡んでいるのではなかろうか？

住人達は誰もその理由を知らず、また大家に確認することもできなかった。

これ以上、余計なトラブルに巻き込まれたくはない、というのが一番の理由であった。

「まあ、もう少しで自分達は出ていく段取りだったからねぇ」

そんな矢先に、今度は老夫婦が揃って不審死を遂げる。

「入ってきた情報が〈不審死〉っていうんだから怖くなったわよ。老衰っていうなら、誰もが納得できたんだけどねぇ」

得体のしれない力が、急激に彼女の周りに働きかけているように感じられた。

よくよく思い返すと、住宅の工事が始まった頃から、空気が変わったように思える。

何か起こしてはいけないものを工事によって呼び起こしてしまった。

戸田さんはそう感じた。

それから間もなく、戸田さんの階下の住人が部屋で首吊り自殺をした。

そんな状況になっているとは露知らず、少しの間は普段通りに暮らしていた。

「悩んでいたとは思えないんだよねぇ。いや、多少の悩みはあるだろうけどさ、死ぬまでの悩みって、よっぽどじゃない」

立て続けにアパートの住民達に何らかの不幸が訪れ、その最中、戸田さんは引っ越しをした。


新居の生活は実に落ち着き、彼女の体調も少しずつ良くなり始めている。

そうなると、あのアパートのことが気になってきた。

何もなければ、まだ二世帯は生活をしている筈である。

とある日の日中、戸田さんはアパートの前まで車を走らせた。

アパートの様子を車の中から確認する。

二部屋だけはまだカーテンが掛かっている。どうやら、まだ暮らしているようだ。

物思いに浸りながら、それぞれの部屋の窓を順番に眺めていく。

(強制退去なんて酷い話だよねぇ、絶対田辺さんは悪くないって)

(ああ、林さんのとこ、いい夫婦だったのにねぇ。不審死なんて可哀想にねぇ……)

(脇谷さんも何で自殺なんか……)

戸田さんが以前住んでいた階下の部屋の窓を見て感傷に浸っている最中、思考が止まる。

安いガラス窓は、カーテンがないと部屋の中が丸見えの状態である。

部屋の中央部、項垂《うなだ》れるように立っている男がいる。

いや、立っているのではない。首のところから上部に紐が伸びている。

戸田さんは溢《あふ》れそうな涙を堪えて、車を出発させる。

見間違う筈がない。生前よく着ていた服だ。

(死んでもまだ、あそこで首を吊っていなきゃいけないって、どんだけ地獄なんだろうねぇ)

と同時に、もしかしたら老夫婦も……、という疑念が持ち上がる。

「何ができるのかねぇ？　新しく誰かが入れば、寂しくはないのかねぇ？」

今もアパートには入居者募集の張り紙が貼られている。

岩見沢での遭遇

轟さんは岩見沢《いわみざわ》で暮らしている。

彼が小学校のときの話。

北海道でも豪雪地帯に入る土地柄から、冬になると歩道のスペースが著しく狭くなる。

車道を除雪し、歩道との境界線に雪は積まれていくのだが、その高さが二メートルを超すことがざらにある。

小学生にとってはとても高い雪の壁が、店舗の出入り口や交差点を除いて、ずーっと続くことになる。

その日も学校が終わり、家までの道のりを一人で歩いていた。

正面から歩行者が来ると、行き交う際にお互いに気を遣ってやり過ごす。

その為、足場も悪いのだが、少し斜め前を見ながら歩く癖が身についていた。

（んっ？）

目の前を真っ白い人が横切っていく。

彼の目にはそれはスマートな雪だるまのように見えた。

興味に駆られた彼はその場所まで猛ダッシュをする。

（あれぇ？　この辺だったよなぁ？）

てっきり交差点だと思ったが、左側は高い雪の壁で、右側は除雪もされていない空き地であった。

人が横切ることは到底できない。

（もうちょっと前だったかなぁ？）

前へ進み、周囲を見渡すが、やはり同じ状況であった。

何かの見間違いだったのかと思い、また家に帰ろうとする。

二十メートル程先に進んだ頃、視界の先である歩道に白い人が立っているのが見えた。

正直、顔などのパーツがない為、正面を向いているのか後ろを向いているのかは分からない。

足も腕も付いている為、のっぺりとした人型の雪像のようにも見える。

テンションが上がった轟さんは、全速力で白い人の元へ向かった。

後、二メートル程まで辿り着いたとき、白い人はこちらへ猛スピードで動き出した。

足は動いていない。滑るように雪の上を移動してくる。

気付いた瞬間には轟さんは衝撃とともに、雪の上に倒れ込んでいた。

（痛い……）

全身に強い痛みを感じ、動くことができない。

見上げる青空が酷く遠く思えた。

（このまま死んじゃうのかな……？）

不安に駆られてそう思った瞬間、視界にキラキラとした光が無数に散らばった。

そして彼の上に粉雪が降り注ぎ始める。

その雪と光のコントラストを、綺麗だなと見つめ続けた。

時間にして五分くらいだったのだろうか。

雪が止むと、光も消え失せた。

彼の身体の上に、うっすらと雪が積もっている。

（あれ？）

先程まであった痛みが、嘘のようになくなっている。

元気を取り戻した彼は、家まで走って帰宅した。


夕食時、その話を家族にした。

「あー、雪ん子かぁ。懐かしいなぁ」

祖父が語り始めた。

祖父の友人が、子供の頃に同じようなものを見たことがあるらしい。

子供の行動というのはいつの時代も同じようなもので、やはり白い人を追い掛けたという。

白い人が振り返ったのかどうかは分からないが、いきなり突進してきて激突したらしい。

「みーんな嘘だと思ってたんだけどなぁ。いたのか、やっぱー」

のんびりとした祖父に轟さんはイラっとする。

「死ぬかと思ったんだからね！」

「でも大丈夫だったんだろ？　そいつも言ってた。雪と光が降って、治ったってさ。だから嘘つき呼ばわりされてたんだ。そんなんで治るか、ってな」

因みに雪ん子とは、祖父の友人が名付けたものらしい。

正式名称も正体も謎のままである。

彼女のクローゼット

恵理さんは室蘭《むろらん》で暮らしているＯＬである。

春先に、例年のことではあるのだが、衣替えをしていた。

元々洋服にはお金をつぎ込むほうではあったので、なかなか時間が掛かってしまう。

（あー、買ったけど、結局、今年は着なかったなぁ）

結構な数のそんな洋服が見つかった。

クローゼットなどの収納場所も限りがあるので、今年は思い切って処分をしようと思った。

新しく買った洋服は纏めて端に寄せておく。

その上で季節ごとに残りの数を考えながら、要る、要らないと判断していくことにした。

（あー、結構気に入ってんだよなぁ……）

（これは元彼がよく可愛いって言ってくれたものだし……）

どの洋服も、何かと理由を付けては捨てられない。

そんな中、見たこともない服が出てきた。

（あれ、こんなの買ったっけ？　いつの服だろう？）

何の柄もない、臙脂《えんじ》色のワンピース。見るからに自分のセンスではない。

更に自分の身体に合わせてみても、明らかにサイズが大きい。
恵理さんは一人首を傾げる。
(まあいいや、これは要らない、と)
そのままゴミ袋に押し込んだ。
その後、何とか一日掛かりで処分するものを決める。
少し空間ができたクローゼットを見て自画自賛する。
(ほら、やればできるんだって。これでまた新しい服を……)
元も子もない考えが浮かびながらも、大変満足してその日は就寝した。

翌朝、洋服が入ったゴミ袋を捨ててから会社へ向かう。
滞りなく仕事を終えて、恵理さんは帰宅した。
早速、洋服を脱ぎ捨て、部屋着に着替えると夕食の支度に取り掛かる。
その日は見たいテレビ番組があったので、簡単な食事を作り終えた。
御飯を食べながらテレビを見ていると、寝室のほうから音がしてきた。
『カタン、カタカタカタ……』
断続的に小さな音は続くが、今はそれどころじゃない。
テレビの音が聞こえづらいと、ボリュームをアップした。

「あー、面白かったー」

番組が終わると、先程までの音のことなどすっかり忘れていた。

湯船にお湯を溜め、お風呂に入る。

『カタカタカタ……』

極々微かに震えているような、物と物とが当たっているような音がし続ける。

(あ、さっきもしてたっけ。え、また寝室なの?)

お風呂から上がったら確認してみようと思いつつも、寝室の音が浴室まで聞こえるのかが疑問になる。

(ここ? こっち? こっちかな?)

四方の壁を確認しても、音が伝わっているような感じはしない。

ただまた湯船に浸かると、微かな音が聞こえる。

(錯覚なのかな? まあいいや)

どうせ後で分かることだと、ゆっくりとお湯に入った。


風呂上がりに洗面所で髪を乾かし、化粧水を塗る。

『カタカタカタ……』

段々と小さな音が煩わしくなってきた。

（もう、ずーっと鳴ってるじゃん）

恵理さんは寝室へ向かうと、何処から音がしているのかと耳を澄ます。

どうやらクローゼットの中らしい。

おもむろにクローゼットのドアを開けたとき、彼女の動きは完全に固まった。

目の前……自分の顔の前に、見知らぬ女性の顔がある。

血の気の失せた青白い顔だが、たるんだ頬から相応の歳なのは分かった。

恵理さんは驚き過ぎて、声を出すこともできない。

口をパクパクとさせていると、『あのー』と声を掛けられた。

恵理さんは恐怖から、そのまま真後ろに卒倒する。

見知らぬ女性はしゃがみ込み、心配するかのように顔を近付けてきた。

そこで恵理さんの意識は途切れた。


「それだけ、っていえば、それだけです。その後は一度も女を見たりしてませんから」

ただ、クローゼットを開けて洋服を選んでいるときに、偶に臙脂色のワンピースが視界に入る。

そんなときは、そこから一番離れた場所の洋服を選ぶようにしている。

「だって、覗き込まれたとき女が着てたのが、臙脂のワンピースだったんですよ」

原因も理由も分からないままだが、恵理さんは関わらないのが一番だと思っている。

小樽の吹雪

これは小樽《おたる》在住の小幡さんのお話。
ある年の冬のこと、目が覚めるとアパートが若干揺れる程の強風が吹いていた。
冬の北海道では偶にある話で、窓を開けると外は猛吹雪であった。
仕事へ行く準備をして、マイカーに乗り込む。
会社に向かっていると、若干だが雪の粒が小さくなってきたように思える。
(さっきよりマシになってきたな)
視界は見やすくなったが、風の強さは変わらない。
信号待ちで車を停車させていると、大きく揺れたりもする。
(まあ、今日は一日要注意だな)
走行している車も、皆、必要以上に安全運転に努めている。
おかげで信号待ちをする回数が、いつも以上に多いような気がした。

とある交差点で信号待ちをしているとき、何の気は無しに歩道のほうを見る。
彼は横断歩道のところで、信号待ちをしている人に気付いた。

背後しか見えないが、長い髪で真っ白い着物を着ているように見える。
(おいおい、寒くないのかよ)
そう思いつつも、信号が変わったので小幡さんは車を走らせた。
また別の交差点で、信号待ちをする。
(あれ?)
先程の白い着物の人がいる。
いや、もしかしたら、同じような服の人かもしれない。
——そんな訳がない。
この寒空の中、死に装束のような着物一枚でいられる筈がない。
信号が変わり、通り過ぎる間に顔を見てやろうと思った。
しかし、角度の兼ね合いもあって顔は見えない。
ドアミラー越しに確認しようとするが、雪もあってよくは分からなかった。
(何だよ……。何か気持ち悪いな……)
それから三つ目の信号でまた捕まる。
もしや、と思い歩道を見ると、やはり白い着物の人が立っていた。
ただ今度は立っている位置が違う。

小幡さんが停車している近くの横断歩道に立っていたので、その顔も確認できた。

寒さの所為なのか、血の気の失せた顔色をしている。

日本画に出てきそうな狐目の女性は、小幡さんのほうを向いているようにも見えた。

(何だってんだよ、頭おかしいんじゃねぇの?)

そう思った瞬間、その女性のほうから雪が吹き荒れる。

視界は完全にゼロになり、ホワイトアウト状態になった。

続けざまに車の背後から強い衝撃が伝わる。

小幡さんはそのまま意識を失っていた。


「大丈夫ですか?　大丈夫ですか?」

見知らぬ人が、彼の車の窓を叩く音で意識を取り戻す。

「あ……はい」

何とか返事はするが、首と腰に強い痛みを感じる。

「やっぱ、ダメかもです……」

朦朧《もうろう》とする意識の中、救急隊員に搬送されたところは覚えている。

そして、その姿を無表情のまま覗き込むようにしてみていた〈あの女〉の顔も覚えている。

「よーく考えたら、絶対に生きてる人じゃないですって。シチュエーションもそうだけど、搬送されるところに入り込んだりしませんって」

小幡さんは追突事故に遭い、頚椎《けいつい》腰痛捻挫《ねんざ》で暫く仕事を休むことになった。

それから数年が経つが、冬の吹雪のときには嫌な記憶が蘇る為、極力運転を控えるようになったという。

膜

手塚さんは千歳《ちとせ》市のアパートで暮らしている。

実は入居前に、手塚さんの下の階で孤独死が出ていたことは知っていた。

不動産屋との交渉で、通常は該当する部屋が値引き対象になるのだが、瑕疵《かし》物件という言葉を使いまくった挙句、若干割引された家賃で入居できるようになった。

元々手塚さんは霊やらには興味がない。

人はいずれ死ぬものだし、孤独死なんてこの時代、普通のことである。

死んだ後は霊になるのかもしれないが、見えないものに怯えるほど暇ではない。

そのような考えから、階下のことはすっかり忘れて生活していた。


入居から二年程が過ぎていた。

日付は今もはっきりと覚えているが、三月の十九日である。

会社に向かおうと玄関を出たとき、何か目に見えない膜のような物を擦り抜けた感覚に襲われた。

その後、少しの間は眩暈《めまい》のような症状が出ていた。

落ち着きを取り戻した後は、気の所為と言い聞かせて仕事へ向かった。

帰宅したとき、階段の踊り場で足が止まる。

そこは一階下のスペースで、目の前には手塚さんの下の部屋のドアがあった。

表札は掛かっていないし、ドアに備えられた郵便物用の受け口は養生テープで封がされていた。

人が住んでいないことはそれだけで確認ができた。

それまでにその場で立ち止まったことなどない。

(何故に今日に限って気になってしまったのか?)

そう疑問に思いながら手塚さんは帰宅した。


翌朝、出勤しようと玄関を出ると、また奇妙な感覚を味わう。

今度はもっとぬめりのある質感の膜を擦り抜けた。

また眩暈のような感覚に襲われ、少しの間、その場にしゃがみ込んだ。

(貧血かなぁ。疲れでも溜まっているんだろうか)

そのような自覚は全くなかったが、後で暇を見て病院へ行こうと思った。

万が一に備え、手塚さんはゆっくりと階段を下りていく。

そして一階下の踊り場で足が止まった。

昨夜は郵便物の受け口にはテープが貼られていた。

それが今はない。

誰かが剥がした可能性もあるが、わざわざよそさまのドアにそんなことをするだろうか？

手塚さんの疑問は膨れ上がる。

何の気は無しに、インターホンを押してみた。

『ピンポーン』

チャイム音が聞こえた。

通常、空き部屋の場合はブレーカーを落としている為、インターホンが作動することはない。

薄気味悪さを感じ、その場から逃げ出そうと階段を降り始めた。

すると突然、殊更に強い眩暈を感じて身体がぐらつき、姿勢を上手く保てない。

その後、身体のあちこちに猛烈な痛みが走った。

どうやら階段を転げ落ちた、と認識しつつ、意識が遠くなっていった。

目が覚めると、何処かの部屋の床に寝転がっていることが分かった。

部屋だと分かったのは、見覚えのある天井のクロスが自室の物と同じだったからである。

起き上がろうとするが、何故か身体が動かない。

手塚さんはそのままの状態で、必死に目だけを動かして、様子を窺おうとする。

（俺の部屋じゃないな……）

手塚さんの部屋より小さめの冷蔵庫がギリギリ見えた。

察するに、単身世帯だと思われる。

状況から判断すると、通りかかった誰かが、階段で転がっていた自分を保護してくれたのだろうと納得する。

しかし、助けてくれた誰かは一向に姿を見せてくれないし、自分の身体はピクリとも動かない。

（これってヤバくないか？　もしかしたら俺は死にかけている状態じゃないのか？）

時間が経過していく内に手塚さんの中で、どんどんと焦りが生じてくる。

――死にたくない。

心からそう願ったとき、見知らぬ誰かが手塚さんの真横に倒れ込んできた。

何故かその人の腕は手塚さんの胴体を擦り抜けていると思われる。

そうでなければ、位置関係的におかしい。

そして手塚さんの顔の真横には、誰かの顔がある。

か細い息遣いが手塚さんの頬に当たってくる為、こちらを向いていることは伝わる。

（何だよ、これ。怖いって……）

手塚さんは暫くの間、天井を見るようにして、真横の顔を見ないようにしていた。

そうしている内に、誰かの息遣いは徐々に弱くなっていく。

完全に途絶えた瞬間、(これって死んだのか?)という疑問が彼の中で湧き上がってきた。

見るのは怖い。が、真横に死体があると想像するともっと怖い。

(くそっ!)

手塚さんは徐々に目の玉を動かし、真横の人の生存確認をしようとする。

髪の毛や頬筋の輪郭から男性であるように思われた。

肝心の顔の確認までは、首が動かないのでできそうにない。

そう思ったとき、手塚さんの首がグルリと回った。

眼前には見知らぬお爺さんの顔がある。

瞳孔が拡大しており、少し開いた口からは涎《よだれ》のようなものが垂れている。

「うわぁー」

変な悲鳴が出た瞬間、手塚さんの身体は自由になる。

その場から飛び退《の》き、一定の距離を保った状態で横になっている老人を見下ろしていた。

(マジかよ。どうすんだよ、これ……)

完全に思考が混乱に陥り、答えが見つからない。

その場から逃げ出したいが、足が震えて上手く動いてくれない。

(あっ……)

急激な眩暈に襲われ、手塚さんは倒れ込んだ。

意識が遠のく中、見知らぬ老人の顔が真横に見えていた。
このまま自分も死ぬのかもしれない。
そう思いながら、気を失った。

それからどれくらいの時間が経ったのかは分からない。
ただ、手塚さんが目覚めると、真っ暗な室内にいた。
照明のスイッチに手を伸ばそうとして起き上がると、身体のあちこちが痛い。
灯りを点け、室内を見回してみる。そこが手塚さんの寝室であることが分かった。
寝巻き代わりにしていたスウェットを捲り上げると、方々に青痣ができている。
軽く指で押してみたが、痛みが増す。
どうやらそれ程は時間が経っていないようだ。
(あっ、あの老人は?)
手塚さんの家を探し回っても、何処にも老人の姿は見当たらない。
(夢でも見ていたのだろうか?)
スマホを確認すると、午前三時を回っていた。
そして手塚さんの思考は完全にループに陥る。
——スマホ画面の日付が三月二十日を表示していたのだ。

（いや、間違いなく二十日は家を出ていた。そこで具合が悪くなって、階段から落ちて……）

実際に手塚さんの身体には無数の打撲痕が残っている。

仮に十九日の段階で何かがあったとしたら、それくらいは覚えているに決まっている。

一体何が起きているのか……。

答えは出ないまま朝を迎えた。


手塚さんは二度目の二十日を過ごすことになった。

やはり玄関を出ると、奇妙な膜を擦り抜けた。

同じように眩暈に襲われながら、階下の踊り場に到着する。

記憶の通り、階下の部屋の郵便物の受け口はテープが剥がされていた。

流石にインターホンを押すのは止そうと思い、その場から立ち去ろうとした。

『ガチャリ……』

手塚さんの背後から、ドアが開く音がする。

恐る恐る振り返ると、少し開いたドアの隙間から覗かせている上半分の顔が見える。

――あの老人の顔に間違いない。

一瞬だけ〈生きていた〉と安堵したが、そんな筈はない。

老人の顔からは血の気が失せており、目の玉は濁ったように白く膜のような物が貼られていた。

「うわぁーーーー‼」

眩暈のことなどすっかり忘れて、手塚さんは階段を走り抜けた。

誰でもいいから少しでも早く人に会いたいと思い、広い通りを目指して走り続けた。

「結局、その日は遅刻ですよね。漸く人を見つけても、みんな通勤の途中だろうし……」

最終的に手塚さんはコンビニに逃げ込み、落ち着きを取り戻してから出勤した。

仕事が終わり、帰りたくはないが、アパートに戻るしかない。

足取りも重く、階段を上っていく。

例の部屋の郵便物の受け口には、しっかりと養生テープが貼られていた。

自分の記憶違い、錯覚と色々なことを考えたが、打撲の痕は暫くの間、残っていた。

それ以降、あの老人に遭遇することはないが、時折出勤時に膜を擦り抜けた感覚と、眩暈に襲われることはある。

そんなときは階下の部屋のドアは見ないようにして、無理矢理にでも足早に通り過ぎることにしている。

「何であの日だったんでしょう？」

そう訊ねる手塚さんだったが、その質問は答え合わせをしたいだけのように思えた。

部屋と看護師と私

吉川さんは滝川《たきかわ》市の賃貸アパートで生活をしている。

そこで暮らし始めてすぐに、他に誰かがいるような気がしていた。

瑕疵物件ではないことは、入居時に確認している。

単なる気の所為かと思うようにしていたが、どうにも視線を感じたり、視界の隅に人影が入り込んだりすることが多々あった。


ある日の休日。

昼前に漸く起床する。

特に何の予定もないので、インスタントラーメンを啜《すす》りながらテレビを見ていた。

『プツン……』

テレビの画面が突然消えた。リモコンでも触ってしまったのか、と思ったが、それはテーブルの隅にある。

然程《さほど》気にせずリモコンを手に取り、再度テレビを点けようとした。

そこで吉川さんの動きは固まる。

暗くなったモニターにぼんやりと人の横顔が映っている。

頭には四角形の箱のような物が乗っており、妙なシルエットを浮かび上がらせていた。

(何だこれ……？)

顔をモニターに近付け、その正体を探ろうとする。

『パチッ……』

突然テレビが点き、昼の情報番組を流し始めた。

先程のシルエットは番組の光源で分からなくなってしまう。

テレビを消して黒いモニターにシルエットを探すが、何処にもその姿はなくなっていた。

特に恐怖は感じなかった。

不思議な状況に彼の頭はフル回転する。

(何だろう、あの形状……。どっかで見た記憶が……)

「あっ、そうだ！」

彼の中で思い当たったのは看護師である。

ナースキャップが四角形に見えたもので、先程出てきたのは看護師に間違いない。

そう思うと、これまでに自分が感じていたのは看護師の霊だと思うようになる。

うろ覚えだが、シルエットは美人だったようにも思えてきた。

(悪くない……)

彼の中で意識が変わった。

ふとしたときに感じる視線も、熱いまなざしだと思う。

視界の隅に人影が入るのも、自分を注目している証拠だ。

段々と家での生活が楽しくなってきた。

仕事をしていても、早く家に帰りたい。

休みの日は、外せない用事以外は外出をしたくない。

そして、何とかその姿を捉えようと躍起になった。

その一方、彼の体調不良は続くようになる。

貧血のような眩暈や、全身の怠《だる》さが日常となっていった。


ある日の夜。就寝中の彼は尿意を催し目が覚めた。

トイレに向かう途中、洗面所に飾られた鏡に、誰かの姿が映っているように思えた。

反射的に鏡を見たとき、彼の思考は停止した。

――彼の背後には、覆い被さるように両腕を伸ばした人の姿があった。

その顔を見ようと視線を自分の顔の横に移動させる。

そこにあったのは、何かの空き箱を頭に乗せた中年男性の顔。

見開かれた両目はどろんと濁り、無精髭《ひげ》は伸び切った状態で、生気のない顔をしている。

「キャーーー!!」

声を上げた当人が驚く程の女性的悲鳴が、自分の口から出てきた。

吉川さんは逃げるように布団へ飛び込み、震えながら朝が来るのを待った。

翌日から彼のアパートには消臭スプレーが大量に常備された。

ネットで調べた情報によると、消臭スプレーに除霊の効果があるらしい。

背後に気配を感じると、振り向きもせずに肩越しにシュッと一噴きする。

視線を感じた方向にも、見ないままで一噴きを喰らわす。

何となくではあるが、体調不良も和らいできたような気がする。

ただ、気配は未だに続いている。

「引っ越しも考えたんですが、何かあのおっさんに負けたような気がするのも癪《しゃく》なので……」

噎せ返る程濃厚な消臭スプレーの霧の中、彼は今日も戦い続けている。

禍深棚

長沼町《ながぬまちょう》に住む田所さんは貸し一軒家で生活していた。

建物自体はかなりボロボロで、隙間風が家の中に入り込む。

それでもこの広さである。本来ならこれほど安い家賃で借りられるものではない。

家具や家電を風が入り込む隙間に設置し、ごまかしながら生活を続けていた。

その家では夜になると、よく天井から音が聞こえた。

しかしそれは古い家の所為で、単なる家鳴りだと思い込んでいた。

偶に背後に人の気配のようなものを感じたりするが、振り返っても誰もいない。

隙間風を人の気配のように感じているのだと、自分を納得させていた。


ある日のこと、職場での話の流れで何故か神棚の話になった。

「あー、そういえばうちにもあるわー」

「もう大変よね、ちゃんとやらないといけないから」

同僚の話に対し、疑問符が浮かぶ田所さん。

「えっ？　ちゃんと祀ってる？」

「お父さんがいた頃には、お父さんが全部やってたから」

「えっ、そのまま？」

「うん、そのまま」

暫しの沈黙が流れ、同僚が話す。

「神様怒らせたら怖いんだよ。お札とかちゃんと返してる？」

何か分からないが、やばいことをしているような気がしてきた。

田所さんは帰宅後、早速神棚を覗き込んだ。

塩と思われるものは結晶化したように一つの塊となっており、お酒が入っていたと思われる器は何も入ってはいないが、黒ずんだ跡が残っている。

（そうだ、お札って言ってたっけ）

飾られているお札を手にすると、何枚もある。

どう見ても同じお札まで数枚あり、意味が分からない田所さんは同僚に電話した。

「はぁ？　どう考えたってそれヤバイでしょ！　っていうか、お父さんもちゃんとやってたの？」

お札はちゃんと神社へ返すこと。

祀れないなら、適当なことはしない。

本来なら、魂抜きまでするべきことだと強く言われた。

早速田所さんは、次の休みに神社へ向かった。
お札を全部返し、丁重に謝罪をしてきた。

するとその日から、ぴたりと天井からの異音がしなくなった。
また人の気配のようなものも、一切感じなくなった。
「魂抜きまでしたほうがいいって言われるんだけど、まあ今は問題ないようだし」
ある意味楽天家の田所さんは、現在は快適な生活を送っている。
ただ同僚からは、しつこく催促はされ続けている。
『本当に神様は怖いんだからね。最後までちゃんとしないとダメ』
しかし、田所さんが神棚の魂抜きをするのは、いつになるのか分からないままである。

苫小牧の長場

苫小牧《とまこまい》市で暮らしている黒柳さん。

実は多少の霊なら見ることができるという。

「確か最初に見たのは小学生のときでしたね。それが霊というものだと理解するのにも時間が掛かりましたし、そんなことを言ったら世間でどう思われるのか、という点も……。まあ、それなりには苦労をしましたよ」

当然、今現在の職場でも、そのような能力があることは隠している。

そんな彼の仕事は建築関係の長場《ちょうば》をしている。

新築住宅の現場に出入りし、工事の進捗状況の確認をし、職人の手配をする。

現場がスムーズに進むよう、各種業者の関係を取り持ったり、必要部材の手配や見積もり作成など、仕事の多さはなかなかのものがある。

ある日のこと、図面作成の為に残業をしていた。

気が付くと、二十二時を回っている。

（うーん、捗らないなぁ。しゃーないから、残りは明日に回すか……）

首をぐるぐると回し、凝りを解そうとする。

原因は分かっている。

日中、新築の現場確認に行ったとき、まだまだ骨組みだけの家の中央に薄汚れた男が立っていた。

いつも無視を決め込み、何事もなかったようにやり過ごすのだが、その男には気付かれた。

男はすーっと黒柳さんの背後に忍び寄ると、ぺたりと貼り付くように彼の背に飛び乗った。

多少の霊ならば気合いで排除できるというが、その日は通用しなかった。

結果、背中が重く、肩凝りのような感覚がずーっと付き纏う。

(めんどくさいなぁ)

そうは思いながらも、大抵の霊は数日間で消えるか離れていく。

それまで我慢をするしかないと思っていた。


翌日、出勤すると、例の男がいた現場でトラブルが起きたと報告を受ける。

大工が工具を手から滑り落とし、足の骨を折ったらしい。

工期にはまだ余裕があるが、他の大工を手配しなければならない。

電話連絡をし、何とか他の現場の大工に掛け持ちをしてもらうこととなった。

「先輩、大変すねぇ……」

振り向くと、後輩の立浪君が背後に立っていた。

「あー、肩も凝っているじゃないすかー」

黒柳さんの肩を揉んでくる。

すると黒柳さんの凝りがすっと消えた。

取り憑いている霊が消えたのか、と思ったが、立浪君の背後に移動しただけであった。

「あー、俺も何か凝ってきた。うちら働き過ぎなんですよねぇ」

別に昨日から、おかしなことも悪いことも起きていない。

その内に消えるだろうと、立浪君のことは放っておくことにした。

黒柳さんは午前中にデスクワークを済ませ、午後から担当の現場回りに出掛けた。

夕方になり、黒柳さんは職場に戻る。

現場の進捗状況を受け持つ職人達に連絡し、昨日やり残した図面の作成に取り掛かった。

「おいクロ、立浪が事故ったってよ」

上司の藤原さんの言葉に、黒柳さんは唖然とする。

(あの霊の仕業だろうか？　そこまで性質の悪いものに思えなかったが……)

「兎に角、俺は病院に行くから、立浪の現場のフォローと後のことはお前に任せたからな」

慌ただしく、上司は病院へと向かった。

立浪君の今日の予定をホワイトボードで確認する。

何処まで現場確認をしたのかは分からないが、とりあえずは一通りの担当大工に連絡し、進捗を教えてもらった。

(あとは新規の図面か……?)

立浪君のデスクを開けて急ぎの案件がないのかを調べる。

(あの馬鹿、これ今日中じゃん)

自分の仕事を後回しにして、立浪君の図面に取り掛かる。

何とか十九時には完成し、ハウスメーカーのほうへFAXを流した後、とりあえずの担当が自分になったことを電話連絡する。

「ふう……」

一息つきたいところだが、自分の作業も進めておかないと、首を絞めることになる。

(今日も残業かよ)

渋々作業に取り掛かった。

二十一時前に、黒柳さんの携帯が鳴る。

表示を見ると上司の藤原さんからで、何となく嫌な予感が走る。

「もしもし、クロ? 立浪、ダメだったわ……」

立浪君は交通事故で亡くなった。

現場回りが終わり、帰社途中で対向車線に飛び出してトラックと正面衝突したという。

立浪君の受け持つ仕事は社員に分配され、葬儀も滞りなく行われた。

「まあ、仕事が増えた負担もありましたけど、それより葬儀ですよね」

立浪君の家族が泣き崩れていた。

偶々の事故かもしれないが、霊的な要因があるとすれば自分の所為なのかもしれない。

黒柳さんは何とも居たたまれない気持ちになる。

それから更に三カ月が過ぎた。

それまでの間は、ほぼ毎日、残業する日々が続く。

彼の性格上、仕事で周りに迷惑を掛けたくはない、という思いから、休日出勤することもあった。


そんなある日、また新築の現場で霊と遭遇する。

間取り的にトイレになる空間に、男の霊は立っていた。

醸し出す雰囲気から、関わらないほうがいいのは一目で分かる。

俯き気味の姿勢ではあるのだが、睨みつけるような目つきで周囲を窺っている。

なるべく近付かないように距離を保っていた黒柳さんだが、どうしても気になってしまう為、何度も位置関係を確認していた。

（やばい、目が合った）

そう思った瞬間、黒柳さんの腰に両手を回して縋り付いてきた。

気付いてません、という体で、現場内をあちこちと移動し、引き剥がそうとするが一向に離れてくれない。

結局、会社まで連れ帰ってしまうこととなった。

霊とはいえ、引き摺って歩いている状態は、非常に身体が疲れる。

何となく感じる雰囲気とはいえ、性質の悪そうなこの霊をどうしたら排除できるのだろうか？

黒柳さんはずーっと考えていた。

「おー、クロお疲れちゃん。今日もお仕事頑張っていますねー」

おどけた感じで、帰社した上司が話し掛けてきた。

「おやー、肩も凝っていますねー、パソコン作業の所為でちゅかー？」

黒柳さんの肩を揉みながら、更におどけてみせる。

上司の藤原さんは仕事となると非常に能力は高い。

その上で、社員の輪を取り持つときには、馬鹿を演じて道化と化す。

皆の人望は非常に厚い存在だった。

「大丈夫ですって。藤原さんこそ、疲れが溜まってるんじゃないすか？」

「おー、その通り、疲れも溜まれば、こっちも溜まって……って何でやねん！」

黒柳さんの股間を上司は触ってきた。

「やめてくださいって、もう」

思わず椅子を立ち上がると、先程まで感じていた身体の重さが消えていた。

自分の背後を見ると、縋り付いていた霊の姿は見えない。

その代わり、藤原さんの腰に男は縋り付いていた。

（あー、やばいな、これ）

そうは思うが、どうしようもない。

黒柳さんは何もしてあげられない為、運よく早く離れてくれることを祈るしかできなかった。

「まぁー、冗談はこれくらいで、やっぱ俺も疲れてるから、もう上がるな。お前も早く上がれよ」

藤原さんは足取りを重そうにして帰っていった。


その翌日、社内的に大問題が起きる。

藤原さんが何の連絡もないまま出社してこない為、部長の命で社員が自宅の様子を確認しにいった。

携帯も電源が切られており通じない。

藤原さんでなければ分からないことが多数あり、会社はてんてこ舞いをする。

三日間は出勤してくるのを待っていたが、姿を見せてくれない。

四日目に会社は強硬手段に出る。

警察も立ち会いの下、管理会社も含めて部屋の確認をした。

中はもぬけの殻で、藤原さんは失踪扱いとなる。

別に会社のお金を持ち逃げしたとか、そういうことはない。

前日まで普通に勤務していたし、特段変わった様子は見られなかった。

理由も分からないままだが、未だに消息は掴めていない。


藤原さんの抜けた穴は大きく、黒柳さんが色々と尻拭いをすることとなる。

会社も今回の件では反省点も多かったようで、個人の負担を減らし、皆がある程度の知識と役割を分担する方向に移行する。

「そうは言ってもですよ。やっぱり簡単な話じゃないんです」

取引先は、現場で柱になりうる人間を欲してくる。

理想は理想として、黒柳さんが柱となるしか方法はなかった。

「覚えていけば覚えていくほど、藤原さんの凄さを痛感しましたよ。で、やっぱり俺の所為かも、と思うところもあるし……」

また黒柳さんは心を痛めた。

もう、同じことを何度も繰り返す訳にはいかない。

ただ、見えてしまう以上、また取り憑かれる可能性もある。

黒柳さんは休日に神社を巡り、お守りを集めた。

言ってしまえば神頼みである。

どのお守りが効くのか分からないので、数を集めて対処しようとしたのだ。


それから半年は何事もなく過ぎた。

何事も、とはいっても無数の霊には遭遇している。

街中でも、自宅でも、現場でも……。

ただ取り憑かれることはなく、上手くスルーできていたといえる。

そんな中、新たな工事が始まる。

その現場に一歩足を踏み入れた黒柳さんは、そのまま固まってしまった。

まだ基礎工事の段階だが、住居スペース内に、無数の霊がうろついている。

(おいおい、こんなの初めてだって……)

設備屋、暖房屋、型枠大工の職人を合わせて七名。

一方、霊の数を数えると十五から十八と思える。

霊の数があやふやなのは、ふらふらと移動をしているし、突然消えたり、逆に現れたりしているので、正確な数は掴めないでいた。

比較的小さめの住宅である。

この狭い空間を、霊に触れずに現場管理などできるだろうか？

黒柳さんは携帯を取り出し、部長へ連絡をする。

「もしもし、黒柳です。あのー、高城邸ですが、他の人と担当代われませんか？」

「無理に決まってるだろ。そんな余裕がある訳ないのは、お前が一番知ってるだろ。何か問題でもあるっていうのか？」

「いやー、問題というかー」

「ないなら黙ってやれ。というか、絶対やれ」

御機嫌を損ねた状態で電話を切られる。

仕方がないので、住居敷地には入らず、外から声を張り上げて職人とやり取りをする。

「あー、クロさん、ここって図面では間仕切りから三十センチになってるんですが、そうなるとパイプシャフトの絡みが出ますよね」

「おー、そうか。じゃあ、上手いことやって」

「いや、測んなくていいんすか」

「大丈夫、いつものように上手いことやって」

いつもとは違う黒柳さんの様子を職人達は訝しんでいる。

「じゃあ、俺は別の現場回るから、後のことは任せた。宜しく！」

そそくさと現場を後にしようとした。

そのとき、三体の霊がすーっと黒柳さんのほうへ寄ってきた。

反射的に猛ダッシュして車に乗り込む。

しかし、車を走らせる前に、がっちりとしがみ付かれた。

頭から乗っかるもの、背中にしがみつくもの、両足を抑え込むようにまとわりつくもの。

勝手に、居住スペースからは出てこられないものだと思い込んでいた。

それが甘かった。

足にしがみつかれていても、重く感じるだけでアクセルやブレーキの操作はできる。

背中にいるものも、シートを貫通しているので、体勢が悪い訳ではない。

(しゃーない、兎に角、ここを離れないと、これ以上増えたら厄介過ぎる)

次の現場に向かって車を走らせた。

十分程車を走行し、交差点に進入した瞬間、強烈な衝撃が彼の身体を襲う。

助手席側にグンと身体が持っていかれ、シートベルトの反動で運転席側のガラスに頭を打ち付けた。

「気が付いたら病院でした。まあ所謂横からドーンって奴ですよ。それでも運が良かったようで、車は廃車ですが、全身の打撲と首と腰をひねったくらいで済んだんですよね」

暫くは仕事を休み、治療に専念する。

彼が意識を取り戻したときには霊の姿は消えていた。

霊も衝撃に吹き飛ばされたと思っていたが、そうではないのかもしれない。

彼が持ち歩いていた沢山のお守りの三つだけが、カッターか何かで切り刻んだようにボロボロになっていた。


「今も仕事は変わっていませんし、今後も変わらないと思います。それしかできない人間ですし……」


黒柳さんの中では仮説が生まれている。

最近の新築の現場では地鎮祭を行わないことが多くある。

業界的には行ったほうが良いのは当たり前であるし、行うものだという習慣があった。

ただ、建て主側が意味がないと思っている場合、経費削減の為に断ることが多いという。

「確認したら、今の話の三箇所とも地鎮祭はしてなかったんですよ。ちゃんとしないから土地神様を怒らせて、変なものを出現させてしまったんじゃないか、と……」

今後も黒柳さんの苦労は続きそうである。

ある家の傀儡

川中さんは苫小牧市で中古住宅を購入した。

内装はリフォーム済みで、とある住宅メーカーがキャンペーンと銘打った住宅は、お洒落なインテリアや家具まで付属品として付いてきていた。

まだ独り身ではあるが、今後の花嫁募集の際には付加価値として使える。

又は生涯独身で終えるのなら、悠々自適な生活を送れる場を資産として持っておきたかった。


住宅の引き渡しが終わり、アパートからの引っ越しを済ませる。

一人の私物はたかが知れており、二階建ての家には空間が有り余っている状態であった。

生来の性格が大雑把な川中さんは、備え付けのインテリアをきちんと把握はしていなかった。

出勤時に、靴箱の上に置かれた造花と一輪挿しに気付いては、この家を買って良かったと思う。

帰宅時に、リビングに飾られた新鋭画家のようなよく理解できない図形が入り混じった構図の絵を見ては実にお洒落であると満足する。

毎日、新しい気付きを得ることが、新生活の喜びになっていた。

ある日のこと、出勤時に靴箱の上の一輪挿しに違和感を覚えた。

自分の記憶では黄色い物だったような気がする。

造花も赤い花だったような気がするのだが、一輪挿しは淡い水色で、造花は小さい向日葵《ひまわり》のような形をしたものであった。

（何処かで見たものと記憶の取り違いをしたのだろう）

深く考えない川中さんは、それで納得していた。


また別の日のこと、夜中にトイレに行こうと目が覚めた。

寝室の隅をぼんやりと照らす間接照明を見て、思考が止まる。

（こんな形だったっけ……？）

彼の記憶の中では、シャープな菱形のような形状だった筈である。

しかし目の前にあるのは細長い楕円で、明るさも今のほうが柔らかいものであるような気がした。

（そんなことより、トイレ、トイレ……）

用を足した彼は先程のことなどすっかり忘れ、また深い眠りに就いた。

それから半年程過ぎると、川中さんは突然料理に目覚めだした。

アパートで暮らしている頃には、大したレパートリーなどは持っていなかった。

だが、現在はネットで色々な調理方法が検索できる時代である。

手の込んだ見栄えのする料理を作り、友人や職場の人間を家に招いてホームパーティーをするのが近々の夢となっていた。

休日になると大型スーパーへ出向き、色々な調味料などを買い漁る。

また調理グッズも数多く増えていき、キッチンの整理や新しく買った調理家電の配置などで、休日の殆どを費やすことがひと月ほどは続いた。

形は整った、ということで、その後の暫くの休日は実践の調理に取り掛かる。

レシピを見ながら調理をするが、どうにも見た目が別物になる。

そして出来上がった品を食べてみるが、何が美味しいのかが良く分からない。

元々のレシピに問題があるのか、彼のセンスの問題なのかは不明だが、そこから独自のアレンジをし始めるようになる。

当分の間は、とても人様にお出しできるような料理は作れないでいたが、やはり人間は進歩するものである。

やっとそれなりに満足できるような物が作れるようになり、最初は友人を招いてホームパーティーを開くことにした。

ある日曜日の午前十時、川中さんの家には友人六名とその家族三名が集まっていた。

川中さんは意気揚々と仕込みに取り掛かる。

友人やその家族は家の中をあちこちと見て回り、感嘆の声が方々から聞こえていた。

それだけで、彼がホームパーティーを開いた意味があった。

「センスがいい」「お洒落」「格好いい」

どの言葉も家に対してのものだが、彼にとっては自分自身への評価である。

友人達は、まだ持ち家のある者はいない。夢であろうマイホームは、どんなものだろう。

更に憧れるべき対象の自分が、颯爽《さっそう》と調理までこなしている。

次々と完成されてテーブルに並んでいく料理の数に、友人達はまた驚きの声を上げた。

正午前ではあったが、料理が出揃ったので、ワインで乾杯をする。

料理を口にした友人からは「美味い」という言葉しか聞こえてこない。

(そうだろう、そうだろう)

御満悦の川中さんはワインがどんどん進む。

ほろ酔い気分になりつつも、「お前らも家を買ったほうがいい。こんなに人生が変わる」と
友人達に先輩風を吹かせる。

家中のインテリアのセンスを褒められ、皆から「何処で買ったんだ?」と問われても、「まあ、

伝手だよ」と答えて濁す。

まさか家に付いてきたとは、とてもじゃないが言えやしない。

「しっかし、あの女性の絵、アレが最高だよな。めっちゃ高かったんだろう？」

（ん……？）

川中さんの思考が止まる。

先程からのインテリアについて大絶賛されていた話でも、引っ掛かりはあった。

だが、あまりの気分の良さに聞き流していた。

自分が知らないインテリアを書庫で見かけた、和室で見かけたと言われたのは、大雑把な自分が見落としていただけかもしれない。

しかし、リビングの女性の絵と言われると、そのような記憶が一切ない。

——あれは意味不明な図形のような構図の絵である。

過去に何度かは図形が違うような気もしたことはあるが、人物に見えることは絶対にないと言い切れる。

川中さんは確認の為にワイングラスを片手にして、リビングの絵の前に立った。

彼は絵を見据えたまま、言葉を失う。

そこには水彩画のようなタッチの絵が飾られていた。

林の中を色鮮やかな赤い和傘を片手に、一人で歩いている着物姿の若い女性の構図。

その女性の表情は何とも艶《なま》めかしく、一瞬で心を奪われてしまいそうになる。

（違う……違う……。これじゃないんだ……）

そう思いつつも、何も言えない。

この瞬間から、川中さんの中で、何かのスイッチが切り替わっていた。

その日のホームパーティーは無事に終了した。

友人達はそれぞれ満足げに帰宅していった。


後日、職場の同僚を集めて第二回目のホームパーティーが開催された。

そのときも皆から羨望の目を向けられ、高評価を受けつつ無事に終了した。


「元々、友人の数なんて限られているし、大会社じゃないから、同僚の数にも限度がありまして……」

現在の川中さんはネットを駆使し、オフ会を自宅で開催するようになっているという。

俄レベルの知識を収集すると、色んなサークルに潜り込む。

適度に仲良くなってから自宅で料理を振る舞い、皆には気分よく帰っていただく。

「お金も掛かるし、手間も掛かるから、本当は辛いんですよ」

川中さんはそう話すが、とてもそのようには見えなかった。

最後に、彼のパッドに保存された歴代のホームパーティー時の集合写真を見せてもらう。恐らくリビングで撮られたものであろう。

御機嫌そうな人々の背後に額が飾られている。

その中の一枚に、話に出てきた女性が写っているものがあった。

よく見ると、絵の構図だけではない。微妙に花瓶や照明の形状がどれも違っている。

そして画像の枚数から、これまでに開催されたパーティーの数は十一回だと思われた。

しかし、重複した参加者はいないように見える。その疑問を訊ねてみた。

「何でですかねぇ、ちょっと体調を崩しやすくなってるようですけど。不思議ですよねぇ。因みに僕は全てを話していますからねぇ。僕の感情も起きたことも全部正直にねぇ……」

口調と穏やかな表情とは裏腹に、彼の笑っていない目を見ると、背中に冷たいものが走った。

滑る

旭川《あさひかわ》に住む田口さんはアパートの一階でごく普通の生活をしていた。

住み始めてから五年程が過ぎた頃。

仕事を終えて帰宅していた田口さんは夕食の支度をしていた。

玄関チャイムが鳴った為、インターホンで確認をしてみる。

しかし、モニターには誰の姿も映っていない。

「もしもーし」

呼び掛けてみるが、何の反応も見られない。

（いたずらか……）

気を取り直して夕食を作る。

さて食べようと思ったときに、またチャイムが鳴った。

モニターを確認するが、やはり誰の姿も見えない。

時刻は十九時を過ぎた頃で、一人暮らしの女性としてはドアを開けてまで確認をしたくはない。

「もしもーし……」

再度呼び掛けても反応がない為、完全にいたずらであると決めつけた。

そもそも荷物が届くような予定もないし、何かのセールスなら相手にすらしたくはない。

食事中も何度かチャイムが鳴ったが、無視を決め込む。

その後、お風呂に入り、パジャマに着替えた田口さんはベッドで横になりながらスマホを弄っていた。

『ピンポーン』

まだしつこくいたずらをしているのだろうか？

時刻は二十二時を回っている。

流石にここまでしつこいと通報案件のような気がしてきた。

ただアパートの前にパトカーが到着することを考えると、他の住民の手前もあるので簡単には通報もできない。

とことん無視をしたら諦めるだろう。

田口さんは願いも含めてそう思うことにした。

二十三時を過ぎたので、照明も暗くし、寝る体勢に入る。

漸くうとうとし始めた頃、またチャイムが鳴った。

『ピンポーン……ピンポーン』

先程までとは違う、回数は二回。

時間も考慮できない相手にイラつきを覚えるが、徹底的に無視をする。
それから五分程すると、またチャイムが鳴った。
『ピンポーン、ピンポーン、ピンポーン……』
今度は連続で鳴り続ける。
しびれを切らした田口さんはインターホンのモニターを確認した。
モニターライトでぼんやりとした明るさは分かるが、既に真っ暗である。
想像通り、誰の姿も見受けられない。
「いい加減にしてくれます？　警察を呼びますよ！」
感情のまま言葉を発したが、その場から逃げるような人影も見えない。
まだドアの向こうに隠れているのだろうか？
そう考えると薄気味悪さが増す。
それでも警察の名前を出した以上は、繰り返さないだろう。
そう思いベッドに入った。

意外とその後はすんなり眠れていたようだ。
しかし、またチャイムの音で目を覚ますこととなる。
『ピンポーン、ピンポーン、ピンポーン……』

怒りの感情のまま、モニターを確認する。

やはり人の姿は映っていない。

「もうあったまにきた。警察を呼びますからね！」

手にしたスマホから通報しようとすると、違和感に気付いた。

モニターの中心部奥側に小さい人影のようなものが見える。

（こいつが犯人か！）

一瞬、そう思ったが、どうにも縮尺がおかしいように思える。

このサイズで映っているとなると、子供よりも小さい存在になるのではなかろうか。

何かとの見間違いかと思い、小さな人影を注視する。

すると、氷の上を滑るように人影はどんどんと近付いてきた。

歩いてなどいない。直立不動のまま、ぐんぐんとモニターに寄ってくる。

時間にしたら数秒も掛かっていないだろう。

最後には、モニターからはみ出る程の顔のアップが映し出された。

反射的に田口さんは尻餅をついてしまう。

今起きた状況を整理できないでいる田口さんの眼前には、更に有り得ないことが起きていた。

——一人の男が立っている。

玄関ドアも開いてはいない。それなのに室内に男がいる。

完全に田口さんを見下ろすような姿勢の男は、また滑るように田口さんのほうへゆっくりと近付いてきた。

……悲鳴を上げたような気がする。

ただそこで意識は途切れた。

目を覚ますと、朝日が差し始めていた。

男が立っていた場所から、倒れていた彼女の付近までは、恐らくは足底の物と思われる二本の水の線が残っていた。

出勤時にアパートの外に出ると、やはりアスファルトの濡れた線が彼女の玄関先まで残されていた。

帰宅後、同僚から盛り塩が効果があるらしいと聞いたので、早速試してみた。

それ以降、彼女のアパートで同じ現象は起きていないという。

視界の隅

山口さんは旭川のアパートで独り暮らしをしている。

1LDKという作りの間取りで、基本の生活圏内を全て見渡せるこぢんまりとした作りである。

実はここに引っ越してきてから、気になっていたことがある。

何かの折に、視界の隅に人が入り込むのだ。

特に時間や条件などがあるようには思えない。

彼は違和感を覚えた瞬間、すぐに視線をそちらに向けるのだが、特に異常は見当たらない。

気の所為か、と思い直すということが多々あった。


ある日、職場の同僚が部屋に遊びにきた。

仕事の愚痴やら何やらを散々語り合った後、おなかが空いてきたので食事に出掛けることにした。

「あれっ？」

突然、同僚が振り返る。

「誰かいなかった？　って、いる訳ないよな」

笑う同僚に対して、山口さんの心情は穏やかではない。

（こいつも何か感じてんじゃん。多分、同じものを見てんじゃん）

すぐさま同僚を連れて、逃げるように部屋を後にした。


ファミレスで食事をしながら先程の話題に持っていく。

「お前さぁ、さっき誰かって言ってたよなぁ」

「誰かって誰よ」

「だからぁ、俺ん家でさ。誰かいたみたいな……」

「ああー、単なる気の所為だって。ありえねーもん」

いつもなら流してしまう程度の会話の内容である。

ただ、山口さんは「ありえねー」というワードが酷く引っ掛かった。

「何がありえねーのか、ちゃんと話してくれなきゃ意味分かんねーだろ」

山口さんのあまりの剣幕に同僚は怯む。

少し間を置き、同僚は渋々という感じで説明を始めた。

「だから見間違いだって。何か肌色っぽいのが見えて、人だと思ったのよ。だけどいる訳ないじゃん」

「それで？」

「いや、それでって言われても……。何か坊主頭の爺さんぽいのが見えたような気がしたのよ。でも、一瞬で見えなくなってるから、俺の見間違いなんだって……」

山口さんはそこまで認識したことはない。

それまで自分の勘違いで済ませてきたことに、〈坊主頭の爺さん〉という形を付けられた。

（冗談じゃねぇ……）

同僚を放置し、彼の頭の中は引っ越し費用の捻出で一杯になる。

「なぁ、何かお前、急に変だぞ」

同僚も付き合いきれなくなったのだろう。

帰ると言い出し、会計を済ませようと席を立ち上がった。

一人で家に帰る訳にはいかない山口さんは、同僚を宥めようと後を追い掛ける。

暫くの間、同僚の家に泊めてもらおうと決め込み、あれこれと話し掛けながらファミレスを出た。

『キキーーッ』

突然、錆びた自転車のブレーキ音が響いた。その瞬間、同僚は眼前に倒れ込んだ。

「痛ってえ……」

歩道に倒れた際に、どうやらおかしな腕の突き方をしてしまったのだろう。

腕を庇うような仕草のまま、動こうとはしない。

轢いた側の自転車のおばちゃんも、サドルに跨ったまま口をパクパクさせているだけである。

動揺する三人を尻目に通行人が救急へ通報してくれたが、山口さんもその救急車に同行者として乗り込む羽目になった。

病院での診断結果は複雑骨折であった。

衝撃に対して、同僚の腕の状態は殊更悪く、手術が必要だった。

山口さんは同僚の入院についてあちこちに事務連絡を入れ、一人、家に帰らざるを得ない状況になってしまった。

遅くまで街をぶらついて時間を潰したものの、翌日は仕事がある。気が重いが帰宅せざるを得ない。

家に着くと早々に布団に潜り込んだ。

途中、視線というか気配を感じたのだが、一切振り向かない。

彼の中で導き出された答えは、〈完全無視を決め込む〉ということであった。

それから暫くの間は、気配を無視することでやり過ごしていた。

単純な方法ではあるが、現状では引っ越し費用を捻り出すのが厳しいため、そうするのが最善の手に思えていた。

とある日曜日の早朝。こちらに用事があった、と田舎から父親が訪ねてきた。

単に息子の顔を見に来ただけである。

玄関先で数分だけ立ち話をする。

「じゃあ、行くから。偶には帰ってこいよ。母さんも心配してるぞ」

「ああ、分かってる」

帰ろうとした父親が、突然、山口さんの背後を覗き込むような仕草をした。

「誰かいるのか？」

その言葉にドキリとする。

「誰もいる訳ねーじゃん。日曜の朝だぞ」

「そうだよな、女の子なら〈お前もやるな〉とは思ったけど、爺さんだもんな」

父親はケラケラと笑うが、山口さんは笑えない。

「いいから早く行けっての！　約束に遅れるぞ」

父親を追い返すように締め出すと、下を向いて室内に戻る。

何となく右側に気配を感じるので、見ないように顔を背けながら布団に潜り込んだ。

その日から一週間程が過ぎた頃、仕事を終えて帰宅した山口さんの携帯が鳴った。

相手は母親で、いつもとは違う神妙な話し方であった。

「あのね、日曜日にお父さんが行ったでしょ？　あの日、お父さんが事故に遭って……」

動揺する山口さんを宥めるように母親は話を続けた。

「いや、もう大丈夫だから、手術も上手く行ったし、リハビリ終わったら帰ってこられるから」

父親は相手方に向かっている途中、運転する車で事故を起こしていた。

大腿骨を折る程の事故であったが、幸いなことに自損事故であった為、被害者はいなかった。

恥ずかしいから山口さんには隠しておくように、というのが父親の言いつけだったのだが、悩みに悩んで連絡をよこしてきたらしい。

「ああ、今度の休みに見舞いに行くから……」

携帯を切った山口さんの頭を、これまでに起きた出来事が埋め尽くしていく。

（爺さんを見たら危ないんじゃないか？　事故に遭うってことか？　骨に関連することなのか？）

幾ら時間を掛けて考えても、答えが出る筈もない。

それでも今のところは上手くやり過ごせているようである。

山口さんは節約生活を続けている為、あと半年くらいで引っ越し費用も貯まる予定である。

あともう少し。

それだけを支えに、彼の気配から顔を背ける生活は続いている。

旭川の流星群

矢沢さんの家は旭川にある。

両親と弟と矢沢さんで四人暮らしをしているが、矢沢さんの部屋の窓の一つだけは常にカーテンが閉められている。

さて、このお話は、彼女が高校生の頃まで遡る。

夕食を終えた矢沢さんは部屋に戻り、携帯を弄っていた。

ネットニュースに流星群の話題が出ていた。

時間や見られる方角が記載されているサイトを探し出し、部屋の窓から流星群を見つけようとしていた。

カーテンを開け、窓を開けようとしたそのとき、彼女の視界に一直線の帯のようなものが見えた。

それは一見、白くも見えるが、所々が銀色に煌《きら》めいていた。

(わぁー、綺麗)

流星群など見たこともない矢沢さんは、それが流星群だと思ってしまった。

弟にも見せてあげたいと、部屋まで呼びに行く。

「姉ちゃん、眠い……」

「いいから起きて、本当に凄いんだから」

全く興味のなさそうな弟の腕を引っ張り、矢沢さんの部屋まで連れ込んだ。

「ほら、あそこを見て」

弟は外を見つめた状態で、固まった。

矢沢さん的には大満足である。

きっと弟も感動して、言葉が出ないんだろう。

そんな弟の後ろ姿を見ているだけで、心が温かくなっていった。

「姉ちゃん……あれ何？」

「あれは流星群って言って、流れ星の塊っていうのかな、いっぱいの流れ星って言ったほうが分かるかな。綺麗でしょ！」

「え、違うでしょ。流れ星って、もっとこうシュンってやつで、あんな変なもんじゃないし、何で人が乗ってるの？」

(はい？)

矢沢さんは弟を押しのけると、目を凝らして確認する。

確かに一直線の帯に変化はない。その上に人がいると……。

――いた。等間隔で行列を作る小さな人の上半身が見える。

その人達も白っぽく発光していて、よく確認しないと帯の光に紛れて気付けないくらいだった。

「おかあさーーん」

矢沢さんは恐怖のあまり、階下へ駆け出した。

弟もその状況に耐えられなかったのか、何かを叫びながら後をついてきた。

リビングで談笑していた両親に、説明になっていない説明を続ける二人。

「もう何なの。分かったから、何処で何が見えるの」

母親が先頭を切り、父親と姉弟が後に続く。

矢沢さんの窓からの光景に、両親も固まった。

「何なんだ、あれ……」

父親がポツリと呟く。

「上を見てよ、上だよ」

弟の言葉に、両親は窓を開けて身を乗り出すようにして確認する。

母親は気付いたのか、声にならない悲鳴を上げて仰け反った。

父親は一度ビクンと身体を震わせた後、勢いよく窓を閉め、カーテンも閉じた。

「今日は二人とも、一緒に寝なさい。いいね」

その日は両親の狭い寝室に布団を並べて寝たという。

「その日から、その窓のカーテンは閉じられたままなんです」

暫くの間、姉弟揃って、「あれは何？」と両親に聞いたが、「何かの見間違い」と返される日々が続いた。

それから結構な月日が流れた。

また流星群という話題を耳にした矢沢さんは当時のことを思い出して父親に聞いてみた。

「何だろうなぁ。でも、人だったし、オバケって奴なのかなぁ」

結局正体は不明だが、人が向かっていた方向には、神居古潭《カムイコタン》がある。

関係があるのかは分からないままだが、父親の指摘で矢沢さんはそれに気付けたという。

花ちゃん

保科さんは夕張《ゆうばり》在住の高齢女性である。

子供や孫達は離れた土地で暮らしている為、独りで生活をしている。

「いい加減、こっちで暮らせとはみんな言ってくれるんですが、慣れた土地だし、主人との思い出もありますからねぇ」

最近は質素な日常生活をしながら、家財の整理をし始めるようになった。

自分に万が一のことがあったときに、子供達に迷惑を掛けたくはないという理由からである。


ある日のこと、納戸の整理をしていた。

古びた木箱が出てきて、中身を確認する。

変色した和紙に何重にも包まれた日本人形が出てきた。

色々と記憶を辿るが、見覚えがない。

ここは亡き主人の生家である為、元々家にあったものかもしれない。

それならば自分がどうこうするべきものではない。

またしまい直そうかとも思ったが、どうにも人形が不憫《ふびん》に思えてきた。

保科さんは髪の毛を櫛《くし》で梳《と》かし、居間の収納家具の上に飾ってあげることにした。

その日から、何かと人形に話し掛ける生活が始まる。

「今日はいい天気だねぇ」

人形は何も語らないが、少し笑みを浮かべた表情を見ているだけで幸せな気持ちになる。

その一方、子供達には言えないでいたが、やはり独り暮らしは寂しいところがあったことに気付かされる。

保科さんは、益々人形に依存していくようになる。

名前も〈花ちゃん〉と名付け、大層可愛がるようになった。

花ちゃんは生地が良さそうな藍色の着物を着ているが、それぱかりでは可哀想に思え、新しい着物まで作り始めた。

子供の服は作ったことがあるが、人形の着物となるとどうにも勝手が違う。

それでも小さな花柄が散りばめられた艶やかな着物を作り、着せ替えてあげた。

「まぁ、べっぴんさんだねぇ」

(どうもありがとう)

人形が、そう答えてくれたような気がした。

穏やかな日が続く中、突然、訃報が舞い込む。

地元の友人である木村さんが亡くなったという。

最近は体調を崩していると聞いていた為、遊びに行くのを控えていた。

それがもう会えないとなると、後悔しか残らない。

(お見舞いに行ってあげればよかった。何か言いたいことはなかったのかな)

お通夜に参列し、遺影を見ると涙が止まらなくなった。

帰宅すると、早速花ちゃんに話し掛ける。

「今日ね、あたしのお友達のお通夜だったんだよ。あの人はね、あたしがここに嫁いできて、すぐにお友達になった娘なの。花ちゃん、あたし寂しいよ……」

人形を抱き寄せると、また涙が零れた。

『タエちゃん、泣かないで……』

その声にはっとする。

周囲を見渡しても誰もいない。

『ごめんねぇ、一人にさせちゃうねぇ』

どうやら声は、花ちゃんが出しているようだ。

そこから保科さんは木村さんと会話を続ける。

体調を崩していた間、辛くはなかったのか?

何かしてあげられることはないのか?

『全然大丈夫だから。それより、泣かれるのが辛いかなぁ』

僅かに笑いを含ませながら話してくれた。

その優しさに、また涙が零れる。

『もう、タエちゃん。そんなんじゃ、あたしも逝けないよ』

「うん、お願いだから行かないで、一人にしないで！」

人形が少し震えた。

そして、木村さんの声は聞こえなくなってしまった。


「それきりだと思っててね。また花ちゃんとの生活だなってね」

寂しさは残るものの、別に花ちゃんとの生活が嫌な訳ではない。

そしてまた人形に話し掛ける生活が始まった。


木村さんの死から一年が過ぎた頃、再び保科さんは悲しみに襲われた。

息子の達郎さんが、交通事故で急死したのである。

東京の息子の家まで慌てて駆け付けると、憔悴《しょうすい》し切った奥さんと孫娘の姿があった。

「お義母さん……」

泣き崩れる奥さんを強く抱き寄せ、「大丈夫、大丈夫だから」と繰り返し語りかけることしかできない。

高校生の孫娘も泣き腫らした顔をしている。

（この二人をあたしが守らなきゃ）

保科さんは強く決意した。

葬儀は滞りなく終わり、二週間ほどは息子の家に滞在していた。

今後の二人の生活のことなど、話し合いは続けられたが、結論は出なかった。

とりあえずは生活ができるだけの蓄えはあるし、娘の環境を急激に変えたくはない。

奥さんの言い分は理解できるが、心配は消えない。

保科さんは夕張で生活することも提案していた為、家の整理の為に一度帰省をした。

家に着くと早速部屋の片付けを行う。

最低で二部屋、できれば三部屋を用意すれば、こちらに来やすいだろうという思いがあったからだ。

夜になり、ひと段落すると花ちゃんに語りかける。

「長い間、ごめんねぇ。でも、あたしがしっかりしないと、みんなを悲しませるからねぇ」

いつものように独り言のような報告であった。

『いや、母さんごめんな。心配掛けているけど、あいつらは大丈夫だって』

忘れる筈がない、それは息子の声であった。

「ヒロ、ヒロなのかい？」

『ああ、何か分からんが、話ができるみたいだ。でだ、何時までできるか分からんから、母さんにお願いがある』

　改まったような口調の息子の言葉。

「何、何だい、何でも言いな。欲しい物、してほしいことがあるなら、何でも言いな。母さん、必ずやるから！」

『うちの奴の再婚を認めてほしい』

　保科さんは絶句する。

『いや、今すぐって話じゃないけど、いい人が現れたら、認めてほしい。それだけが心残りだから』

　保科さんは言葉が出ないままである。

　残した家族の心配は分かる。ただ、再婚なんて今する話ではないだろう。

　彼女の中で大きな葛藤が生まれる。

　息子の遺言なら聞き入れたい。だが、それをすると、義理の娘も孫も愛する息子も、全てを失ってしまうのではないか。

　無言のまま、花ちゃんを見据えるしかなかった。

『母さん!!』

強い口調の言葉に彼女は身を正す。

『本当に最後の願いなんだって。俺は、みんなに幸せになってもらいたい。だからこその願いなんだって！　分かってくれよ‼』

一瞬の間を置き、保科さんは答えを出した。

「ああ、分かったよ。あんたの願いなら、それを叶えるのが、親の役目だ」

諦念に似た感情があったのは事実である。

『ありがとう、母さん』

優しい、それは優しい息子の言葉に、彼女は涙が溢れ出した。

花ちゃんはそれ以降は言葉を発せず、息子との通信は途切れた。


それから数年後、義理の娘は再婚をする。

だが、再婚相手がとても優しく、保科さんとも家族のような関係を保てるようになった。


「死んだからなのか、多分、息子は全部知っていたんでしょうねぇ」

保科さんは悟ったように語る。

現在も保科さんは夕張で独り暮らしを続けている。

いや、語弊があった。大切な花ちゃんと二人で生活している。

いつかまた、花ちゃんが大切な人との会話を繋げてくれるのかもしれない。
だからこそ、寂しくもなく、愛おしい暮らしをしているといえるのだろう。

洗濯日和

伊達《だて》市のアパートで暮らしている荒岩さん。

休日に、散々溜め込んだ洗濯物を朝から洗濯し続けていた。

三回目の洗濯完了を知らせるアラームが鳴り、あと一回で漸く終わりが見えてきた。

さて、と全自動洗濯機の蓋を開けて、洗い物を出そうとする。

(え……?)

彼女の視線の先にある洗濯槽の中には、生首が転がっている。

角度的には斜め後方から頭を見ている感じで、髪は丁髷のような形になっている。

「うん……」

全く状況が呑み込めないので、パタンと洗濯機の蓋を閉めた。

(今のは何だろう?　頭?　っていうか武士なの?)

何かの見間違いだろうともう一度、蓋を開けてみる。

――やはり生首は転がっている。

よりにもよって、洗い物が洗濯槽の中でドーナツ状に寄っている、その中央にスッポリ収まるような形で存在している。

「これはこれは……」

自分でも何を言っているのか分からない。

もう一度蓋を閉めて考え込む。

(よーく考えなさい。よーく見なさい。絶対に見間違いなんだから)

自分に言い聞かせて一呼吸置いてから、また蓋を開けた。

しかし、変わらずにそこにいる。

「ほうほう、なるほどなるほど……」

荒岩さんは洗濯洗剤を生首の上に垂らし、蓋を閉めると運転スイッチを押した。

『ゴウン、ゴウン、ゴウン……』

洗濯機が動き出した音を確認し、リビングへ移動する。


「ふう……」

煙草に火を点けて、一服する。

一体自分は何をやっているのだろう。

そんな考えが頭を過ぎるが、じゃあ他に何ができたというのか。

エンドレスな自問自答が続き、煙草の火を消した後、続けざまに新しい煙草に火を点ける。

暫くの間は煙草を吸い続けていた。

『ゴウン、ゴウン、ガタガタガタガタ!!』
突然、洗濯機のほうから物凄い異音がし始める。
慌てて洗面所へ行き、一時停止ボタンを押す。
現在の工程は脱水であった。
そーっと蓋を開けて中の様子を見る。
生首は丁度彼女の正面を向き、お互いに目と目が合った。
「ひぃっ!!」
勢いよく蓋を閉めると、運転スイッチを押して、洗濯機を再始動させた。
『ゴウン、ゴウン、ガタガタタタタ……』
異音も凄いが、洗濯機も大きく揺れ始める。
彼女は必至で洗濯機にしがみつき、揺れを止めようとしていた。
あまりにも必死だったので、どれくらいの時間が経過したのかは分からない。
ただ、その内にスムーズな運転音に変わり、揺れも綺麗に収まった。
その場にはいたくないので、またリビングへ移動し、煙草に火を点ける。
「ふう……」
既に彼女の思考は停止していた。
本能的に何も考えないようにしていたと思う。

『ピー、ピッピッピッ』

洗濯の終了を知らせるアラームが聞こえる。

静かに蓋を開けると、既に生首は消えていた。

洗い終わった衣類を洗濯カゴに取り出し、最後の一回分を洗濯する。

彼女はハンガーが置かれた部屋に移動して、洗濯物を干し始める。

やはり見間違いだったのだ、現に何もなかったではないか、と言い聞かせながら、シャツや下着を順番に干していく。

(んっ?)

薄水色のブラジャーに赤茶色の染みができている。

他の衣類もよくよく確認すると、何処かしらに同じ色の染みが付いていた。

「その後に洗った分もそうですし、その前の分も全部綺麗なんですよ。あの生首のときのだけに、変な染みが付いていたんです」

運悪く、彼女のお気に入りの下着やシャツが台無しになってしまった。

何処か薄気味悪いので、その回の洗濯物は全部廃棄処分となる。

それ以降、洗濯をするときは（どうか出てこないで！）と祈ってから運転させる癖が付いた。

そして、万が一出たときに備え、ゴム手袋を用意はしている。

幸いなことにまだ使用したことはないが、荒岩さんは生首が出てきたときにはゴム手袋を装着し、窓から放り投げようとしている。

ある意味、大変豪胆な女性である。

便箋

帰宅した安藤さんは集合玄関の横にあるアパートのポストを開ける。
すると、ポスティングのチラシに紛れた、一通の白い便箋に気付いた。
裏表を確認するが、何も書かれてはいない。
不思議に思いながら、自分の部屋に帰る。
ダイレクトメールの一種か——と、中身が気になって封を開ける。
中から写真が六枚出てきた。
その最初の一枚を見て、安藤さんは動揺する。
男性器のアップが写っていたのだ。
多少のピンボケではあるが、見間違うことなく局部である。
(おいおい、他のもそうなのか?)
ところが、二枚目以降は内容が全く違う。
闇の中を光球《オーブ》が浮遊している。
光球が動いた痕を示すように光の線までしっかりと写り込んでいた。
一枚だけ男性器。それ以外は、構図が違う光球の写真。

全く以て、これを用意した人の意図が理解できない。

しかも安藤さんは男性である。

色々なことを考慮すると、恐らく同じアパートの女性の部屋のポストと間違えたと思われる。

もう開けてしまったし、何もなかったことにしよう。

安藤さんは便箋と写真をゴミ箱へ投げ捨てた。


それから三日後、帰宅した安藤さんはまたポストで便箋を見つける。

色も形状も全く同じ物。

嫌な予感はしつつも持ち帰り封を開ける。

今度は三枚の写真が入っていた。

やはり一枚目は男性器が写っていた。

その他の二枚は、何処かの部屋が写っている。

明るさから昼間のものと思えるが、オレンジ色の光の線が斜めに走るように写り込んでいた。

(こういうのは警察に届けるべきなのか？　でも面倒事になるよな……)

今回も、何もなかったようにゴミ箱へ投げ捨てた。


それから一カ月は何事もなく過ごせた。

ポストに入れた人物も、間違いに気付いたのだろう。

彼はそう思っていた。

そんな矢先、帰宅した安藤さんはまた便箋を見つける。

今度の便箋は表面に大きな鳥居の地図記号が記されていた。

開いてみると、中には二枚の写真が入っている。

一枚目はやはり男性器。

二枚目を見た安藤さんは、思わず写真を放り投げてしまった。

白く大きな男の顔が写り込んでいたのだ。

虚ろな表情ではあるのだが、何かを訴えかけているように見えた。

床に落ちた写真は、ちょうどこちらに顔を向けている。

(やばい、どうしよう……)

悩んだ挙句、安藤さんは一つの答えを出す。

その場から一番近い窓を開けると、勢いよく拾い上げながら、そのまま外へ放り投げた。

彼はこれでもう安心だと窓を閉める。

もう一枚の男性器の写真は、どうでもいいとゴミ箱に捨てた。

その夜、熟睡していた筈の安藤さんは、誰かに声を掛けられて目が覚めた。

室内には当然誰もいない。

寝直そうと横になった瞬間、彼の上に人が覆い被さった。
跳ね除けようとするが、金縛りのように身体が動かない。
（重い……苦しい……）
その上、目も閉じた状態なので、今起きている状況を確認することもできない。
「ハァハァ……」
苦しそうな息遣いが彼の頬に当たる。
多分、すぐ近くに顔があるのだろう。
見えないことで、安藤さんの想像力はどんどんと嫌な方向へ掻き立てられる。
その恐怖が限界を迎えようとしたとき、急に圧し掛かる重さが消え失せた。
と同時に、金縛りも解ける。
恐る恐る、目を開けて周囲を窺うも、人の姿は見えない。
ホッと安心し、急いで部屋の照明を点けた。
生きている人ではなかったとは理解している。
しかし、幽霊というのには納得できない。
そんな嘘みたいな話の当事者に自分がなる筈がない、という謎の自負もあった。
（あんな変な写真を見たからだって……）
今度、便箋を見たら封を切らずに投げ捨てよう。

彼の答えはそう決まった。

「で、その後は何もなかった、って言いたいんですが……」

彼のポストに便箋の届く頻度は増していく。

二、三日くらいの間隔から、毎日へと変わっていった。

暫くの間、そのまま投げ捨てていた安藤さんだが、際限がないことに嫌気が差してきた。

「それで、隣のポストへ入れたんですよ」

次の日から、安藤さんの元へ便箋が届くことはなくなった。

「もしかしたら、今は隣のポストに毎日届いてるのかもしれないですけどね」

その部屋の人のことは何も知らない。

詮索する気もないし、そうすることで平穏が保てると思っている。

居酒屋にて

藤巻さんは釧路《くしろ》で居酒屋を経営している。

カウンターが十席と四人掛けのテーブルが二つあるだけの小さなお店である。

大半は地元の常連客しか訪れないお店であるが、偶に観光客も来店する。

その観光客が訪れたときのお話。

恐らく二十代のカップルであるが、お刺身の味に歓喜していた。

一通り食べつくした後、観光で巡った場所について、大いに盛り上がっていた。

聞き耳を立てながらも、静かに見守る。

彼らの話題は北海道の自然へ移り、熊などの動物の話から妖怪系の話へと変わる。

「そういえば店長、雪女とかコロポックルって見たことある？　北海道って、やっぱいるの？」

突然の問い掛けに一瞬困惑するが、長年飲食をやってる為、客あしらいは慣れたものである。

「あー、私はないんですが、祖父はあるらしいですね。そのコロポックルのほうを」

彼の話にカップルは感嘆の声を上げる。

「お客様は、明日、摩周湖《ましゅうこ》のほうに行かれるんでしょ？　祖父が見たのも、その周辺だから、もしかしたらチャンスかもしれませんよ」

カップルは「やっぱりいるんだ」と喜び続ける。

しかし、藤巻さんの話は嘘である。

あくまで楽しそうな雰囲気を壊したくないという想いから、祖父の名前を使っただけである。

コロポックルの詳細を詳しく聞きたがるカップルに対し、彼の知っている知識で応対する。

「アイヌの民族衣装って知ってます？　そうそう、その紺色っぽい着物に紋様が入った奴。それを着てて、帽子も被ってたって言ってたな。で、こんな手のひらより小さいのが、祖父の前を歩いていったって言うんですよ」

カップルは大変満足したようで、勘定を清算して帰っていった。


「ふう……」

それから一時間は誰も来なかった。

早じまいでもしようかなと思い、店先に出て人の流れを確認する。

通りには人の姿は一切ない。

(あー、こりゃあ今日は看板だな)

片付けに取り掛かろうとすると、風に流されるように、薄汚れた紙が彼の店先に流れ着いてきた。

ゴミとして拾い上げる。

（はい？）

驚きのあまり、彼は動けなくなった。

除けた紙の下には、小さな小さな髪の長い少女がいた。

先程、彼が話したアイヌの着物を着ているが、帽子は被っていない。

何かの見間違いだろうと顔を近付けると、その少女が怯えた表情を浮かべていることが分かった。

（えーと、これは何だ？　震えてるよな。生きてるよな。えーと、人だよな……）

困惑する藤巻さんを、小さな少女は見据えている。

「おう、マスター。まだやってるよな」

突然、右手から声を掛けられた。

振り返ると、常連の阿部さん達の姿がある。

「あ、はい、大丈夫ですよ」

「っていうか、何やってんのよ、外で？」

「いや……。あっ、それより、これですよ」

藤巻さんが足元を指さすも、そこには少女の姿はなかった。

慌てて周囲を見渡すと、小路を走って曲がる少女の後ろ姿だけを確認できた。

「いやぁ、嘘から出た真っていう奴なんですかね？　それとも何か文句の一つでも言いたかったんですかね？」

藤巻さんはそれがコロポックルだと信じている。

ただ、怯えた表情のままにさせてしまったことは、酷く反省をしている。

ジャガイモ畑にて

大谷さんは小清水町《こしみずちょう》で農業を営んでいる。

結構な敷地を持っているが、跡取りがいない為、自分の代で廃業になる可能性が高いそうだ。

「多分、近所の農家に土地を譲って、続けてもらうしかないわなぁ」

彼には農家としてのプライドがある。

自分がその役目を終えたとしても、自分の農地は作物を作り続けてもらいたい。

日本の食の一部を支えている、という誇りがある為、辛い農作業も続けてこられた。

「でもなぁ、あの土地だけはどうしたもんかなぁ」

彼が気にしているのはとある場所。

ジャガイモを植えているのだが、中央付近に二十メートル四方の空き地が存在している。

昔はそこでも栽培をしていたのだが、そのエリアだけが途中で枯れ果てる。

トラクターに乗って土を耕すときも、その場所で原因不明の故障を起こし、動かなくなってしまう。

それが何年も続いた為、自然と避けるようになり、不思議な空間が生まれてしまった。

「で、場所ができちゃっただろ。まあ、そこが目立つんだわ」

ジャガイモの背丈はそれ程高いものではない。
黒い土は自然と視界に入ってくる。
ある日のこと。
大谷さんは別の場所で作業する為に、このジャガイモ畑の横を通り過ぎた。
(誰だ?)
ポッカリと開いた空間で、人が取っ組み合っている。
「おーい、そこで何やってんだ。ダメだって、出てけって」
元々温和な大谷さんの話し方では効果がないのか、二人の男は胸倉を掴みあっている。
「まったくよー」
軽トラを降りて、二人の元へと向かう。
(どっから入ったんだって。踏んでねぇだろなぁ)
ジャガイモの心配をしながら、徐々に近付いていく。
「おーい、いい加減にしてくれって。やるんなら、よそへ行ってやってくれって」
最悪、力ずくで引き摺り出さなきゃいけないかもしれない。
そう覚悟して、二人の目の前まできた瞬間、男達は姿を消した。
(あら?)
呑気な大谷さんは周囲を見渡す。

(どっから走って逃げたんだ、あいつら)

暫くは辺りを窺っていたが、何処にも姿は見えない。

まあいいか、と大谷さんは周囲のジャガイモが踏み潰されていないのかを確認して回った。

特に異常はない。順調に生育しつつある。

(じゃあ、元の仕事に戻るかねぇ)

大谷さんはその場を後にした。


また別の日、ジャガイモ畑の横を通り過ぎると、例の場所で二人の男が組み体操のようなことをしている。

一人の男の肩の上に、もう一人の男が立った状態。

ある意味、雑技団か何かだと思うようなレベルである。

(まぁーた、あのバカどもが悪さしてんのか)

「こらー、ダメだっていってんだろ。遊ぶ場所じゃないって、いい歳こいて分からんのかー」

軽トラから降りて、声を掛けながら近付く。

今度こそは逃がさないようにと、目を離さないようにして歩を進める。

(あら?)

突然視界から男達は姿を消した。

どうせ地べたに突っ伏しているんだろうと、黒土の空間まで辿り着くも、男達の姿は見えない。

（しっかし、毎度毎度、上手いこと逃げるもんだなー）

感心しながら車まで戻り、軽トラを走らせる。

大谷さんは運転しながらも、記憶を辿り、男達が逃げた方法を色々と考えていた。

そこで漸く気付いた。

大谷さんは〈男達〉と認識していたが、記憶の中では〈真っ黒い人影〉である。

〈いい歳〉とも判断していたが、年齢などは判別できる筈もない。

（あれーー？）

幾ら首を傾げようと、その答えは見つからなかった。

「でもねー、あれは男なんだって。そこそこいい歳の三十過ぎくらいなんだって」

大谷さんはその後も何度も目撃したが、これ以降は無視するようになった。

今後、恐らくは知り合いに譲ることになるときに、このことを話すべきなのかどうかというのが悩みの種であるという。

母の愛

田村さんは帯広《おびひろ》で生活している主婦である。
夫は単身赴任で東京暮らし。
二カ月に一度は連休を取って帰省してくるが、仕事は忙しいらしい。
よって普段は、狭いアパートで六カ月の子供と二人だけで暮らしている。
一人で育児をするのは結構な労力を要する。
それでも、日々成長する子供の姿は励みになる。
愛する我が子の為、と田村さんは日々奮闘していた。

ある日のこと、息子の武尊《たける》が天井を見つめている。
よく見ると、視線の先は微妙に移動をしている。
何か虫でもいるのだろうか？
田村さんが天井を見ても、何も見つからない。
もう一度、武尊を見ると、視線の移動が激しくなっていく。
「あー、うー、わぁー」

何やら楽しそうにも見える。

「タケちゃん、何が楽しいの?」

「うー、キャキャキャうキャ」

息子が楽しそうならいいか、とそのままにしておく。


「うー、うー」

武尊は急に不機嫌そうに顔を顰《しか》める。

どうしたのかと田村さんは武尊の顔を覗き込む。

(えっ?)

本当に一瞬ではあるが、武尊の目に〈何か〉が映ったような気がした。

田村さんは反射的に天井を見る。

何もない普通の天井ではあるのだが、ゾクリとした寒気が背中を伝う。

目を離しちゃいけない。目を背けたら、やばいような気がする。

田村さんは暫くの間、天井を睨みつけた。

「うー、わぁーーーーーーん」

突然、武尊が泣きだした。

慌てて抱き上げ、よしよしとあやす。

一向に泣き止まない息子と田村さんの間に、黒い髪の束がスルスルと降りてきた。

武尊の泣き声は一層激しさを増し、田村さんの中で何かがブチ切れた。

「おうこらてめぇ、何、勝手に人んちに出てんだ！　ガキが泣いてんだろうが！　引き摺り回すぞ、あ！」

言葉に反応するように、髪の毛はスルスルと上に引っ込んでいく。

「ちんたらしてんじゃねぇよ！　張っ倒すぞ、おらぁ！」

すると髪の毛は、一瞬で縮みあがって視界から消えた。

天井から感じていた気配も消え、武尊はケラケラと笑い始めた。


「あのときは必死で、自分でも何を言ってるのかは分かっていなかったんですよね」

母は強しとはいうが、子供を守る為ならば全力を尽くすものなのだろう。

それ以降、武尊が天井を見て何かを追っていることはあるが、目視できるような怪異は起きてはいない。

補足として——田村さんは昔ヤンチャだったことがあるが、御主人は知らないままだという。

奥手であるが故

桜井さんは幼い頃から霊に興味を持っていた。

テレビの特集は見逃さずに視ていたし、親に買ってもらった本は心霊特集のムック本ばかりである。

とはいえ、待ち焦がれている霊体験などは一度もないまま、社会人になった。

田舎から離れて札幌での生活が始まると、色々と刺激が多くなる。

友人達は若いなりに衣服に興味を持ったり、飲み歩いたりしながら異性との出会いを求めていた。桜井さんは奥手な性格から、あまり進んでそういう場には出掛けないようにしていた。

衣服なども田舎暮らしのときからあまり変化もなく、別に何も気にはならないでいた。

仕事が終わったらスーパーやコンビニである程度の買い物をして帰宅する。

毎日自炊をしながら、少ない給料のやりくりをしていた。


ある日のこと。

会計時に店員の女性から話し掛けられた。

「いつもありがとうございます」

「あ、はぁ……」

あまり人づきあいが上手くはないので、突然話し掛けられても対応に困る。

そそくさと桜井さんは店を後にした。

また別の日の会計時、同じ女性から声を掛けられる。

「どうも、覚えています？」

「ええ、まぁ……」

どう見ても女子高生か、女子大生というところだろう。

普段、関わりがない世代である為、桜井さんは本当に困ってしまう。

店員も察したのだろうか。

「また来るのを楽しみにしてますね」

満面の笑顔で送り出してくれた。

その帰り道。桜井さんは悪い気はしない。

店員の子はとても可愛らしい顔をしている。

(俺に気があるとか……。そんな訳ないか……)

そんなことを考えつつ、暫くはニヤニヤしてしまっていた。

それ以降、女性店員からは会計をしながら、よく話し掛けられるようになった。

コンビニのほうが割高になるのだが、スーパーに立ち寄る回数が歴然と減る。

「今日はレトルトですかぁ、野菜も食べたほうがいいんですよ」

「うん、まぁ。ちゃんと考える……かな」


「お酒は別にいいんですが、飲み過ぎないようにしてくださいね」

「あぁ、そうだね。うん、気を付ける」

会話を続けていくごとに、桜井さんの中では距離が縮まっているように感じ始めていた。

しかし、相変わらず可愛いと思ってはいるので、目と目を合わせては話はできない。

会話の途中で一瞬だけ彼女の顔を見ては、照れたように顔を伏せる。

多分、彼女もその点は気付いていたのだろう。

いきなり覗き込むように顔を下側から入れてきて、いたずらっぽい笑顔を見せることもあった。

桜井さんの彼女への想いは益々募っていった。

暫くの間は——それは一方的なものかもしれないが——まるでデートの待ち合わせのような気分でコンビニに通っていた。

他愛のない会話と彼女の笑顔。

精々五分にも満たない時間が、桜井さんの癒しとなっていた。

ところがある日を境に、突然彼女の姿を見なくなってしまった。

それでも諦めきれない桜井さんは暫くの間コンビニに通い続けた。

ある日、レジ会計をしてくれた若い女性に意を決して話し掛けてみた。

「あのー、前にここで、これくらいの髪の長さで、同じくらいの歳だと思うんですけど、女の子がいましたよね」

女性店員は訝しがる表情をしながらも、「美紅ちゃんかな」と呟いた。

「そのミクちゃんだっけ？　最近どうしたの？　全然見ないんだけど」

女性店員は明らかに不審人物と思ったのか、急に黙ってしまう。

「いやほんとに怪しい人って訳じゃないのよ。そのミクちゃんがよく話し掛けてくれて、ほんとにミクちゃんから話し掛けてくれて、で、仲良くなったかな？　って思ったら、姿を見なくなっちゃって」

気付けば桜井さんの後ろにはいつの間にか会計の列ができていた。一度、その場を離れる。

会計待ちの客がいなくなったのを見計らい、再び女性店員に話し掛けた。

「あー、もしかして、毎日来てたって人か」

桜井さんは首をブンブンと縦に振る。

「確かに不器用そうだもんね、お兄さん」

そんな会話がされていたことを初めて知った。

この女性店員と美紅ちゃんは同じ高校だったらしい。

女性店員のほうが一つ上で、このバイト先で知り合ったという。

「でも、美紅ちゃんのことはあんまり知らないよ。急に連絡がないまま休んでるみたいだけど」

桜井さんは酷く落胆した。

仮に住所を知ったところで、自宅へ行ける筈もない。

辞めた、と聞かされても、それ以上はどうしようもない。

彼の中での正解などは元々存在していなかったのかもしれない。

買い物袋を持ちながら、とぼとぼと自宅に向かって歩きだす。

信号待ちをしていると、向こう側で同じく信号が変わるのを待っている人の姿が見えた。

（ミクちゃん？）

普段はコンビニの制服姿しか知らないので、私服は偉く新鮮に思えた。

ただ、俯きがちな姿勢から、元気がないのか落ち込んでいるようにも見える。

（でもミクちゃん。多分、ミクちゃん。きっとミクちゃん）

信号が変わった瞬間に、桜井さんは走りだしていた。

「ミクちゃん!!　って言うんだよね？」

驚いた表情をした美紅ちゃんは、すぐにいつもの屈託のない笑顔を浮かべた。

「元気だった？　どうしたの？　どっか具合が悪いの？　テスト勉強とか？」

矢継ぎ早に話し続ける桜井さんに、美紅ちゃんは噴き出した。

「ごめんなさい。……うん、そうだよね。しっかりしないとね……」

泣きだしそうな表情を浮かべる美紅さんに、桜井さんは戸惑う。

「あ、ごめんね。変だよね。いきなり名前を呼んだりして、気持ち悪い人だよね」

その言葉に対して、首を横に振り続ける美紅さん。

「ごめんね。私頑張るから」

それだけを言い残し、美紅さんは走り去った。

桜井さんはただ見送るしかできない。

(また会える)

そう思って、できる限りの笑顔で大きく手を振り続けた。


その翌日から、また桜井さんはコンビニに通い続ける。

しかし美紅さんの姿を見ることはできなかった。

最後に会ったときから、十日が過ぎた日のこと。

いつものようにコンビニに立ち寄った。

店内を見回し、美紅さんがいないことを確認する。

(今日もダメか……)

弁当を手にして会計に向かおうとしたとき、背後から声を掛けられた。

前回とは違い、そこには血相を変えた先輩女性店員がいた。

「ちょっとこっちに来て」

言われるがままに、店内の隅に移動する。

「あんた何かした？　それとも何か知ってる？」

小声ながらも迫力のある声で詰め寄られる。

「何か、って……」

一瞬戸惑うが、思い当たる節は美紅さんのことしかない。

「ミクちゃんに何かあったの⁉」

「そうか……そうだよね。あんたが知ってる訳ないか……。ごめん、疑って悪かった」

そんな言葉で桜井さんが収まる筈もない。

今度は彼が詰め寄った。

そして衝撃の事実を知る。

その日の日中に、コンビニからすぐ近くのマンションで投身自殺があった。

来店したお客さんが動揺した感じで状況を説明していたらしい。

すぐ近くということもあり、店長が様子を見に現場にいったという。

――それが美紅ちゃんだった。

慌てふためいた店長が戻ってくると、その場にいたスタッフ全員に何かしらの事情を知らないかと確認していた。

そしてシフトが違う先輩女性店員が出勤したときにも、説明が為された。

「馬鹿だよ、ダメだよ、死んじゃったら……」

女性店員はポトリと涙を零した。

「ちゃんと相談してくれれば、何かできたかもしれないのに……」

その言葉を聞いたとき、桜井さんの感情は臨界点を突破した。

買おうとしていた弁当を店員に押し付けるように渡し、そのまま店を飛び出した。

記憶はないが、泣いていたと思う。

いつの間にかアパートの部屋で呆けていた自分に気付いた。

桜井さんは、腹の虫の音で我に返ったことに腹が立つ。

(こんなときにでも、腹が減るとか俺が死ねって話だよ)

結局御飯は食べずに、冷蔵庫に入っていた缶チューハイを流し込んだ。

少し酔いが回ると、悲しさが増してくる。

結局、四、五本を飲み干すと、酔い潰れて寝てしまった。

『ごめんなさい、ごめんなさい……』

悲しみを含んだか細い声で目が覚めた。

声のするほうに顔を向けると、すぐ目の前に美紅さんがいた。

足もあるし、透き通ってはいない。

生きている人間と何ら遜色ない彼女が泣きそうな顔をしている。

「あ、いや……」

一度は言葉に詰まるが、彼らしくない感情の爆発を抑えきれなかった。

「いや、ダメだ。ダメなんだよ！　何で死んじゃうんだよ！」

美紅さんは完全に俯き黙りこくる。

責め過ぎてしまった後悔とやはり許せない気持ちの葛藤で、桜井さんもそれ以上の言葉に困った。

暫しの沈黙の後、美紅さんが重い口調で話をし始めた。

クラスの中で浮いていたこと。

その流れで、いじめが始まったこと。

気持ちの所為かと思っていた体調不良がそうではなかったこと。

その病気のことで両親が悩んでいたこと。

そして、色んなことが突然無意味に思えてしまった、と。

美紅さんの独白に、桜井さんは言葉を失う。

一気に悪いことが続いた為に、彼女の心が壊れてしまったのは理解した。

ただそれでも……。病名を知った上で、〈それでも〉という言葉が出そうになる。

今更責めてもどうしようもない。

慰めてあげるのが正しい対応の筈である。

悩みぬいた桜井さんの言葉は、「ごめんね」であった。

その言葉に反応した美紅さんは泣きじゃくる。

桜井さんの涙腺も完全に崩壊した。

(俺があのときに……、あのとき、ちゃんと救ってあげられれば……)

散々泣き腫らした桜井さんの耳元に、『ありがとう、ごめんね……』という言葉を残して、美紅さんは姿を消した。

もう会えないということは、その一瞬で分かった。

すぐに言葉を出せれば良かったが、選んでいる内にタイミングを逃してしまった。

「この後悔は一生消えないんです。大事なときに、二度とも何もできなかったんですから」

美紅さんとの経験を活かして、いや、活かそうとして、桜井さんは積極的になるように努力を続けている。

せめて天国で彼女が笑っていられるように、と。

稚内の家

稚内《わっかない》に住む水沼さんが中学生のときに起きた話。

土曜日のお昼前、学校から帰宅すると、居間に見知らぬお爺さんが座っていた。

「あっ、こんにちわ」

会釈をしながら通り過ぎようとすると、一瞬でそのお爺さんは消えてしまった。

悲鳴を上げながら、台所にいる母親の元へと走る。

「馬鹿なことを言わないの。そんなことある訳ないじゃないの」

母親はあっさりと窘《たしな》める。

見間違いの筈はない。でも、確かにそんなことがある訳がない。

釈然としないまま、二階の自室へと戻った。


それから一時間もすると、階下から母親の悲鳴が聞こえた。

バタバタと階段を駆け上がる音がして、水沼さんの部屋のドアが激しく開かれた。

「ちょ、ちょ、今、お婆さん、今、下……」

動揺する母親を何とか落ち着かせて、漸く話の状況が掴めた。

居間を通り過ぎようとすると、床に仰向けで倒れているお婆さんがいた。

全然知らない顔の上に、目を見開き、どう見ても死んでいるようにしか見えない。

恐怖のあまり、悲鳴を上げながら彼女の元へ走ってきたという。

一緒に確認してくれ、とはいうが、そんな光景を見たくもない。

結局、母親の強引さに負けて、二人は寄り添うようにして居間へ向かった。

だが、何処にもお婆さんの姿はない。

ホッと安心しながらも、先程の仕返しとばかりに「夢でも見たんじゃないの？」と言い放つ。

その場に暫しの沈黙が流れる。

どちらも有り得ない状況に遭遇している。

また、普段から冗談を言うような性格ではない。

（もしかして……）

二人は同じ答えを考えていた。


それからの時間は落ち着かない為、父親が帰宅するまでは常に一緒にいるようにしていた。

そして、帰宅した父親に対して、二人は捲し立てるように説明をした。

「あー、お化けってか。何で今日？　で、何でうち？」

そんなことを言われても、聞きたいのは二人のほうである。

勿論、聞かれた父親の対応も当然の結果とはいえる。

「まあいいや、とりあえずは飯、飯」

食卓テーブルに三人揃って座り、夕食を取る。

豪快な父親はバクバクと御飯を平らげるが、二人は食が進まない。

「じゃあ、風呂に入るわ」

いつも通りの自分のペースを守る父親に、二人はイラつきを覚えた。

浴室へ向かった父親を確認し、二人は愚痴を重ねる。

「ほんとにいい加減だよね」

「全然、話を聞こうともしないのよ。昔から」

悪口がどんどんと加速していく中、浴室から「うぉーー」と野太い声が聞こえた。

ドタバタと足音が近付き、居間のドアが勢いよく開いた。

そこには全裸の父親がいる。

「キャーー！」

「何やってるのよ、あんた！」

「馬鹿、そうじゃなくて、出たって、いきなり。目の前に、いきなり」

母親がバスタオルを渡し、何とか体裁を保てる状態にする。

「いやいや、そんなことより、やばいって。あれ」

父親の混乱状態は酷く、落ち着くのに三十分くらいは時間が掛かった。
話を纏めると、父親は浴槽に入っていた。
ふと横を見ると、洗い場に座っている裸の若い男がいる。
突然のことにパニックを起こし、父親の思考はフリーズした。
（いや、夢だ夢だ。見間違いだ）
自分にそう言い聞かせていると、湯船のお湯が『ちゃぷん』と音を立てた。
すーっと視線を目の前に移動させる。
――湯船のお湯から顔の上部が覗いている。
多分、少女。
ぱっちりとした目は、父親を見つめている。
その顔の下、お湯の中には何も映っていない。
ということは、水面の上に、半分の顔だけが浮いているということになる。
そこまで理解した瞬間、父親は雄叫《おたけ》びを上げながら浴槽を飛び出した。
洗い場にいた男にはぶつかったのかもしれないが、あまり記憶にない。
居間に行けば何とかなる。家族がいる。
その思いだけで全力で走った。

父親はそれから三十分くらいは、二人に責められ続けた。

「だから言ったじゃない」「人の話を昔から聞かないから、そういう目に遭うのよ」

ずーっと文句に耐え続けていた父親だが、突然ブチ切れる。

「そういうことじゃないだろ！　あのお化けが全部悪いんだろが！」

父親は台所へ立ち、調味料を置いているところを物色し始める。

食塩を手にすると、「ついてこい！」と言い放ち、浴室へ向かう。

既に無人の浴室の中に向けて、パッパッと食塩を振った。

背後で唖然とする二人のほうを振り向き、「居間にもいたんだろ、何処だ？」と言うと踵《きびす》を返して居間へ向かう。

二人が指摘した場所へ、また食塩をパッパッと振る。

「よし！」

満足そうな父親に、二人は何も言えなかった。


「で、結局は、今でも出るときは出ます。場所も違えば、幽霊の性別も違いますし……」

原因は不明だが、十年以上はそういう生活を続けている水沼家。

「父親だけは未だに食塩を振っていますよ。馬鹿の一つ覚えのように」

お化けには塩なんだ、と言い張る父親の地位は、最早ないも同然となっているようだ。

独り暮らしの訳

四十代の津田さんは一軒家に一人で生活をしている。

彼の居住区だけは、話の内容から敢えて伏せさせていただく。


元々は彼を含めて六人暮らしであった。

彼が高校生のとき、祖母が自宅で亡くなった。

死因は心筋梗塞である。

ただその祖母は、亡くなる前日に細い藁《わら》を縒《よ》り集めてロープのような物を作っていた。

遠目で何かやっているな、と思っていただけなので、津田さんは作り方などは一切分からない。

藁の長さなどはたかが知れているのにも関わらず、出来上がったロープは一メートルを超えているようであった。

祖母が亡くなってしまった為、用途の分からないロープは物置にしまい込まれてしまう。

それから数年が過ぎた。

社会人となっていた津田さんは会社に向かう準備をしていた。

「ちょっとー、ヒロシー、お爺ちゃんに御飯できたからって、起こしてあげてー」

いつもは早起きの祖父が寝坊とは珍しい。

「爺ちゃん、メシだってさー」

祖父の部屋のドアを開けた津田さんは状況が呑み込めずに言葉を失った。

部屋の隅の柱に並ぶ祖父の姿がある。

首からはロープが伸び、その先は何本も撃ち込まれた太い釘に括られていた。

自ら命を絶った理由は分からない。

ただ、そのロープは祖母が作った物であったように思えた。

近所付き合いも多かった津田家ではあるが、祖父の死は周りに悪評を立てた。

『いじめていたんだろう』

『御飯も満足に食べさせなかったらしい』

根も葉もない話ではあるが、そういう話であればある程、周囲には浸透しやすい。

その結果、これまでとは違う孤立したような生活が始まる。

両親は何も言わなかったが、辛い思いをしていたことは感じていた。

母親が作り笑いをよくするようになっていたから、津田さんはその都度心を痛めていた。

そして心労からか、母親は入院してしまう。

色々と検査をした結果、膠原《こうげん》病と診断された。

完治するものではない、という現実が津田家を益々苦しめることとなる。


その間、津田家は父、津田さん、弟という男ばかりの生活を余儀なくされる。

一番の問題はやはり食事であった。

コンビニやインスタント食品を多く利用するようになる。

「母さんのこともあるから、なるべく節約しないとな」

父の言葉は重い。

それまでに料理などしたこともなかった三人が、必死に何かを作るようになっていった。

「兄貴、マズ過ぎるって」「うるせぇ、お前の卵焼きなんて、焦げの味しかしないじゃん」

半分本気で半分冗談の掛け合いが、家族に少しの笑顔を取り戻した。

それから一年程の入院生活を終え、母親は家に帰ってきた。

今後も通院と毎日の投薬は必要であるが、それでも母親という存在は大きい。

男ばかりの何処かだらしない生活に、一本の芯が入った形になる。

皆は何も言わないが、母親に対し、近所の話はしないようになっていた。

『お爺ちゃんに酷いことをしたから、罰が当たったんだよ』

そんな酷い言葉は、聞きたくなくても耳に入ってきていた。

絶対に母親に聞かせる訳にはいかない。

家族は神経を尖らせて生活をしていた。


そんな中、弟が交通事故に遭ってしまう。

救急搬送されたという連絡が入り、父親と津田さんは病院へ駆け付けた。

意識不明の弟は、必死の治療の甲斐もなく命の灯を消した。

時間的に帰宅途中だった弟が倒れているのを、偶々通りかかった人が通報してくれたらしい。

状況から察するに、ひき逃げ事故だと思われた。

結局、未だにひき逃げ犯は見つかっていない。


ひっそりと執り行われた弟の葬儀中、母親は半狂乱になってしまう。

父と津田さんが必死で宥めるも、母親の混乱は暫く続いた。

そして感情を失った。

母親は再入院することになる。


自宅にて、津田さんと父親の家族会議は毎晩続けられた。

別に新たな方針がある訳でもない。

母親を二人で守っていくということに何ら変わりはない。

ただ、新しいことが一つだけあった。

「俺も何が起きるか分からんからな……」

父親名義の通帳や土地の権利書などを出された。

「名義変更やったりな、口座の金はお前に渡したほうがいいだろ」

「いやいや、それを言うなら、俺だって分かんねーじゃん」

「順番で言ったら、年寄りが先なんだから、面倒を掛けないようにしておいたほうがいいって」

力のない父の言葉に、津田さんは色々と感じ取るものがあった。

（親父も限界なんだな……）

会社の有休を使って、二人は色々と手続きをして回った。

予想外に結構な時間が掛かり、ほぼ一日が終わってしまう。

「ふう……」

帰宅し、疲れ果てた二人は、コンビニで買ってきた総菜をつまみにして酒を飲んだ。

「これでもう、何があっても大丈夫だ」

「馬鹿言うなよ、母さんの件だってあるんだ。親父がしっかりしてくれないと、俺だって困るぞ」

父親はクスリと笑うと、「そうだな……」と呟いた。

何とも言えない時間が流れる中、父親の携帯が鳴った。

二人は財布だけを持ち、広い通りまで走るとタクシーに飛び乗った。

漸く病院に到着したときには、既に母親は亡くなっていた。

原因不明の発作による呼吸器の不全が死因だという。

「は、はははははははは……」

父親は力なく笑いながら、その場に崩れ落ちた。

(ああ、壊れちゃった……)

津田さんはそう思った。

その後、母親の葬儀は完全に家族葬にした。

父親はへらへらと笑っている。

ただ、読経の最中、一筋の涙を流しているのを見てしまった。

(親父……)

津田さんも涙が止まらなくなり、この父親だけは生涯掛けて守らないといけないと決意する。


葬儀が終わり、津田さんは忙しい生活をすることになる。

何かのネジが飛んでしまったような父親は、ちゃんとしているときもあれば、へらへらと笑うことしかできない状態のこともある。

故に津田さんが食事の支度をしなければ、父親は何も食べずに一日を終えてしまう。

また仕事が完全に無理な状態になったので、父親は退職をした。

その手続きも父親についていった津田さんが行う。

「病院でちゃんと見てもらったほうがいいんじゃないかい？」

父親の会社でそう言われた。

「はい……まあ、そうですね」

そんなことはとっくの昔にやっている。

加齢による痴呆ではない。ある意味、精神疾患の分野になることも医者にはっきり言われている。

そうなると快癒というのは難しく、更に治療期間などというものは見当すら付かない状態であった。

——親父が悪いんじゃない。元を辿れば、言い掛かりから母親を追い詰めた周囲が悪い。それで、母親も親父も変なことになってしまった。俺が今大変なのも、全部周りの所為だ。

怒りの感情に囚われていると、父親が自分を見て怯えている。

「あー、ごめんごめん。怖かったよねー、親父」

父親の状態はどんどん悪化しているように思えた。

入院させる病院を探さないとな……。

そう思いながらも、残りの有休日数を津田さんは数えていた。

仕事、家事、話し相手と津田さんのストレスは限界に近付いていた。

全てを投げ出してここから逃げてしまいたい。

しかし、そうなると誰が親父を守ってやれるんだ。あのときの決意って、格好だけかよ。

自らを鼓舞することでしか、精神状態を保てない。

誰も理解してくれないということは、ここまで孤独で追い詰められることになるのか、と泣きそうになる。

すると、それまでは周囲にしか恨みの感情を持っていなかったのが、身内にまで向かってきた。

(そもそも、爺ちゃんが死ななきゃ、こうはなっていないよな。で、爺ちゃんが首を吊ったのは、婆ちゃんが作ったロープの所為だろ)

ウィスキーをグラスに注ぐと、一気に飲み干す。

——全ての元凶は婆ちゃんだ。

仏間に行くと、祖母の遺影に向かって、感情のままに酷い言葉を吐き捨てた。

その行為だけで、津田さんはある程度はすっきりした。

子供のようになっている父親を寝かしつけると、またウィスキーを飲み、眠りに就いた。

その晩の夢である。

祖母が出てきた。

祖母の手には編み込んだロープが握られ、「違うんだ。違うんだよ」とだけ繰り返している。

「何が違うっていうんだよ。不幸の元凶は婆ちゃんじゃねぇか。婆ちゃんが始まりじゃないか」

津田さんが言葉を返しても、「違うんだ、違うんだよ」としか繰り返さない。

そして目が覚めると、朝だった。

夢とはいえ、言い訳をされたようでムカついていた。

食事の支度を調えて、父親を起こしに寝室へ向かう。

……いない。

慌てて家中を探すが、何処にも見当たらない。

結局、職場に連絡をして、付近の捜索に走る。

散々探し回ったが、その日はとうとう父親の姿を見つけることはできなかった。

警察にも捜索依頼を届け出た。

それから四日後、警察からの連絡が入る。

父親とは無言の対面となった。

(もういい……どうでもいい……)

父親の葬儀は形式的なものだけで、弔問客は誰も来ないように仕向けた。

一通りの落ち着きを取り戻して出勤すると、上司からも嫌味を言われる。

「まあまあ、大変だったとは思うが、津田の家は呪われているんじゃないか？　普通は有り得んことだらけだろ」

そんなことは自分が良く分かってる。

普通じゃないというなら、何が普通なんだよ。

俺は普通の家庭で暮らしていただけなんだよ。

蟠《わだかま》りが解ける筈もなく、帰宅してもイラつきが収まらない。

津田さんは痛飲をして布団に潜り込んだ。

その夜、また夢を見た。

祖母が出てきて、違うんだと繰り返す。

「違う違うって、親父まで連れていきやがって。俺を一人にして、そんなに楽しいのかよ」

「だから違うんだって。この縄は……」

そのタイミングで津田さんは目が覚めてしまった。

単なる夢とは思うが、何かを言いかけていたことが酷く気になる。

（言いたいことがあるなら、はっきり言えよな……）

そう思ったとき、津田さんの眼前に、祖母が現れてきた。

祖母の姿は淡く発光しているが、生前の状態と何も変わりがないように思えた。

『だから違うんだ……。ちゃんと聞くんだよ。この縄は裏の祠《ほこら》に使うんだ。できないのなら……』

そこまで話をすると、祖母の姿は消えてしまった。

「いや、婆ちゃん。裏の祠って？　できなかったら、どうすんの？」

津田さんの声は静まり返った室内に虚しく響く。

朝までに何度も呼び掛けてみるが、とうとう祖母はその姿を現してはくれなかった。

翌日も仕事だったので、眠い目を擦《こす》りながら職場へ向かった。

仕事の途中で何度も祠のことが頭を過ぎるが、津田さんの記憶の中ではそのような物を見た覚えがない。

（裏、と言ったら、普通は家の裏だよな。いや、家の裏手に神社みたいなものがあったかなぁ）

帰宅した津田さんはとりあえず、家の裏手に回る。

勝手口から少し離れた場所のガスボンベの左手に、古びた小さな祠を見つけた。

その中には三十センチ程の石が鎮座している。

注連縄《しめなわ》のような物は片側が外れ落ち、縄自体も変色している。また全体的にほつれたようになっていた。

（これか……。でも婆ちゃんの縄って、爺ちゃんが使った奴だろ。あれ、絶対にもうないって）

津田さん的には完全に詰んだ状態になる。

〈――できないのなら……〉

……多分、俺も死ぬ。みんな死ぬ。この訳の分からない祠の所為で、みんな死ぬんだ。

もういい。どうせ死ぬのなら、今死んだほうがマシだ。

津田さんは物置から金槌を持ち出して、祠を叩き始めた。

既に、辺りは夜になっている。

祠を壊す音はそれなりに煩《うるさ》く、近所迷惑なのは間違いない。

どうせ、疎まれているんだから関係ない。

だったら近所に対しての仕返しという意味と、原因である祠に対しての家族からの恨みだ。

祠を粉々に砕き、中に入っていた石を持ち出し、道路のアスファルトに投げつけた。

『パキーーーーン』

それまで聞いたこともないような乾いた音が周囲に響く。

割れた石を道路の端まで蹴り飛ばし放置する。

敷地に戻った彼はゴミ袋に祠の破片を突っ込み、ゴミ捨て場に投げ捨ててきた。

(あー、すっきりした)

家に戻った津田さんはこれが最後の晩餐《ばんさん》になると、冷蔵庫の中の物を食い散らかす。

とっておきのワインの封も開け、「ざまあみやがれ」と一本を飲み干した。

『明……明……』

自分を呼ぶ声で津田さんは目を覚ます。

どうやらテーブルに突っ伏したままで寝てしまっていたようだ。

目の前には祖母が立っており、以前と同じように少しだけ発光していた。

『馬鹿だね、アンタは……』

祖母は呆れたように笑っている。

その言葉に酔いが残っている津田さんは少しイラついた。

「何だよ。どうせ死ぬなら、そうするだろ。黙って訳も分からんものに殺されるだなんて、まっぴらごめんだっての」

『だから……できないのなら、そういう人に頼みなさいって言ったのに』

(はい?)

「え、どういうこと?」

『そういう処理ができる人に頼みなさいって言ったのに、勝手にあんなことをするんだから』

「え? 余計なことをしたの、俺? それで死ぬの? もしかして」

祖母の身体はすーっと光を失っていく。

「婆ちゃん、婆ちゃんてば!」

津田さんの呼び掛けに答えることなく、祖母の姿は消えてしまった。

それからまた月日は流れた。

津田さんはまだ生きている。

暫くの間はしつこいくらいに祖母と話をしようと交流を試みたが、それ以降は姿を見せることはないまま現在に至る。

津田さんだけは、何かの因縁から逃れられたのかもしれないし、そうではないのかもしれない。

ただ、この土地、この家にいないと、祖母との対話ができない可能性がある。

その為、津田さんはここに留まり続けている。

結婚の適齢期を過ぎても、彼女を作らない理由がここにある。

新しい家族が増えると、巻き込んでしまう可能性がある以上は、危険を冒せない。

津田さんは祖母からの安心の言葉がもらえる日を、今か今かと待ち続けている。

色づく庭

道南の江差町《えさしちょう》でのお話。
藤波さんは数年前に奥さんに先立たれ、一軒家で独り暮らしをしている。
会社は昨年に定年退職し、日々の時間を持て余す生活をしていた。
テレビを見ていてもつまらない。
健康維持の為に散歩もしてみるが、それ程長時間も歩いてはいられない。
(あいつがいたらなぁ……)
常に心の中では思ってしまう。
人生設計では、退職後は妻と旅行に行く筈であった。
毎日、二人のゆっくりとした時間を満喫する予定であった。
その為に仕事に打ち込んできたし、家庭のことは二の次にしてきた。
(ざまあないわ……)
そう思いながら、リビングから庭を眺める。
妻の生前は、名前は分からないが綺麗な花が咲いていた。
雑草もこんなに生い茂ってはいなかった。

まるで今の自分を見ているような気分になる。

(よし……)

どうやっても妻は戻ってはこない。

しかし、あの頃の記憶を少しでも取り戻したい。

リビングからの景色が幸せの象徴のように思えた。

思い立った藤波さんは庭の手入れに取り掛かる。

実際に雑草を抜いてみると、思いのほかしんどい作業であった。

ほぼ半日を費やし、庭としてのそれなりの形ができた。

(次は花だな……)

妻は何処で用意をしていたのだろう。

記憶の中では、「もうすぐ、花が咲くわよ」と笑っていた妻の顔が思い浮かぶ。

そうなると、種からなのか。球根からなのか。

その夜、パソコンを開いて季節の花などを検索する。

園芸を趣味とする人のブログを探り、育て方なども勉強する。

翌日、近くのホームセンターを訪れ、売り場担当の言うがままに肥料や栄養剤を大量に仕入れた。

どんな花が咲くのかは分からないが、球根も購入してきた。

俄ではあるが独学と、売り場担当の言葉通りに埋めてみる。


それから二カ月が過ぎた。

しかし、一向に芽が出てくる気配がない。

気になり土を穿《ほじく》り返すと腐った球根が見つかった。

藤波さんのやる気が一気に削がれる。

元々、それ程の興味はなかったのだと自分に言い訳し、庭の手入れを放置するようになった。

それから暫くの間は、リビングから庭を見ないようにしていた。

何処か後ろめたさがあったのだろう。

見たくもないテレビを常に点けて、ぼんやりと眺めるのが日常になっていた。

ある夜のこと。

藤波さんはリビングでお酒を飲みながらテレビを見ていた。

ふと気付くと、カーテンが光っている。

どうやら庭から強烈な光で照らされているようだ。

恐る恐るカーテンの隙間から、庭を覗き込む。

一瞬で目を焼かれるような閃光を見て、彼の意識は途絶えた。

目が覚めると、彼はリビングの床に倒れ込んでいた。

時計を見ると、午前二時を回っている。

既にカーテンの発光は収まっているようだ。

気になり、また隙間から庭の様子を窺うも、闇に包まれて異変があったのかどうかも分からない。

隣家の灯りも消えている為、大きな騒動のようなことはなかったように思える。

きちんと庭に出て状況を確認するべきかどうかを逡巡する。

と、頭の中に記憶のようなものが蘇ってきた。

——閃光で意識を失った……。

その後、微かに聞こえるかどうかのアラームのような音で、目を覚ました。

(おかしい。一度、目を覚ましているじゃないか)

すり替えられたような記憶を更に辿ってみる。

目を覚ました自分は起き上がろうとした。

だが、何故か身体は動かなかった。

遠巻きにだが青白い光が、彼の周囲をぼんやりと照らしていた。

そこで〈何か〉が彼の眼前にヌッと顔を出した。

〈何か〉がどのようなものだったのかは覚えていない。

人だったのか、動物だったのか、それ以外の生物だったのかは分からないが、不思議と顔だったように認識していた。

その恐怖に耐えきれず、意識を失った。

そしてリビングで目を覚ましたのだ。

結局、その日は寝室に入り、何もなかったように寝ることにした。

だが、寝ようとすると説明の付かない恐怖が頭を過ぎる。

藤波さんはとうとう朝まで、一睡もできずに過ごす羽目となった。

「今でもね、忘れた頃に急にあの日のことを思い出すんです。その日は怖くて怖くて、寝られなくなっちゃうんですよ」

実は思い出す回数が増える度に、〈思い出してはいけない何か〉を認識しそうになるという。

現在のところは彼の精神力が勝り、どうにか封じ込めているようだ。

そして不思議なことがもう一つだけある。

あの日を境に、藤波家の庭には花が咲くようになってきた。

また、季節によって咲く花が変わっているらしい。

種類もそれなりに多いことから、以前に藤波さんが植えた球根が発芽したものとはとても思えない。

彼は何か空恐ろしいものを感じ、リビングから冷めた目で庭を見る日々を続けている。

高杉家

高杉さんは木古内町《きこないちょう》で暮らしている。

元々は親が建てた家なので外観はそれなりにガタがきているが、生活するには問題はない。

ぽつんと離れた場所に家が建っている為、敷地もそれなりにはあるが、周囲の空き地も友人が来たときには車の駐車場として利用している。


ある冬のお話。

友人達が集まって、高杉さんの家で飲み会をすることとなった。

今は一人暮らしなので、数名が泊まる場所は確保できる。

温かい食べ物をつつきながら、だらだら飲もうという趣旨であった。

彼の家では薪ストーブを使用しているので、煮込み料理なら実に簡単にできる。

具材を入れた鍋をストーブの上に載せておけばいい。

その日はおでんともつ鍋を準備し、コトコトと火を通していた。

（あいつら、まだ来ないのか……）

約束の時間を過ぎても、誰一人現れてはこない。

カーテンを開けて外を見ると、吹雪いていた。

（これで遅れてるのか……）

薪をくべる量を調節しながら、何度も窓から外を確認した。

（おっ、漸く来たか）

闇と真横に流れる雪の奥で、ヘッドライトのような光が三台分見えた。

どうやら揃って到着したらしい。

高杉さんは玄関へ向かい、登場を待ち侘びる。

しかし、それからどれだけ待っても現れない。

またリビングに戻り外の景色を確認するが、既に灯りは消えている。

（何やってんだよ、おせぇんだって）

イラつきながら、また玄関で待つ。

それから十分以上が経過しても、友人は姿を見せない。

我慢の限界を迎えた高杉さんは上着を羽織り、外へ出た。

先程、車が停まった辺りまで来たが、一台も車が見当たらない。

幾ら吹雪いているとはいえ、車が通った形跡ならそれなりにある筈だが、それも見当たらない。

（俺が見間違えただけなのか？）

一度家に戻り、冷えた身体を薪ストーブで温める。
幾ら何でも遅過ぎるので、一人の友人の携帯に電話をしてみた。
——繋がらない。
次々と別の友人に掛けるが、どの携帯も繋がってはくれなかった。
「くそっ、すっぽかしかよ。揃いも揃ってよ」
やけ酒気味に一人で飲み始めた。
とても一人で食べきれる量ではないが、鍋をつまみに酒はどんどん進んだ。
(んっ!?)
泥酔していた高杉さんは、いつの間にか眠っていたらしい。
時計を確認すると、午前二時を過ぎていた。
「あー、もう、飲み直し！　飲み直し！」
五時頃までは何となく記憶があるが、それ以上は覚えていなかった。
結局、翌日の昼過ぎに目が覚める。
散乱しているお酒を見ると、自分がいかに荒れていたのかがよく分かる。
その光景を見ていると段々腹が立ってきた。
友人の一人に、改めて電話を掛けると今度は繋がった。

「おう、お前よー、何で昨日こねぇのよ。つーか、揃ってすっぽかしやがって……」

怒りの感情をそのままぶつけるが、友人も何やら怒っているようで、高杉さんの言葉を遮るように捲し立ててきた。

「つーか、お前こそ、何処ほっつき歩いてたのよ。みんなふざけんなって言ってたんだからな！」

一瞬、理解ができずに、言葉に詰まる。

「いやいや、すっぽかしたのはお前らで、俺は被害者。なあ、分かる？」

友人も一切引かずに、怒りの言葉を発し続ける。

十分程、お互いに罵りあいが続いた後、少しだけ気持ちが晴れてきた。

そこで漸く、相手の言い分を聞こうと思い始める。


友人の主張はこうである。

昨夜、吹雪の所為で、集合時間から少し遅れて高杉家に到着した。

間もなく全員が到着したので、いつものように空き地に車を駐め、家へと向かった。

玄関先で呼び鈴を鳴らすも、一切音沙汰がない。

携帯を掛けてみるが、全然繋がらない。

どうせ家で何かをしているんだろう。

勝手知ったる家なので、お邪魔します、と揃って上がり込んだ。

薪ストーブの上に鍋が乗っかっていたので、これが今日のつまみかと蓋を開けて確認したという。

その後、家中を名前を呼びながら探すが、何処にも姿は見えない。

三十分程待ち続けたが、一向に姿を見せないのでそのまま帰ってきたという。


そんな筈はない。俺はずーっといた。

また押し問答が始まる。

お互いに埒が明かないまま、蟠りを残して電話を切った。


「まあ今は、仲直りをしたって感じにはなってますけど、未だに家での飲み会には誘えていない状態ですよね」

飲み屋で友人と飲んでいても、ふとしたタイミングでこの話が出てしまう。

その都度、一度は言い合いになり、痼《しこ》りを残しつつ形だけの仲直りをするという。

友人達の話は信じたい。嘘を吐くような奴らではない。

しかし、この日の答えは永遠に出そうにもない。

スルスルキエル

教員の武田さんは、函館《はこだて》市の教員住宅に単身赴任をしてきた。

娘が翌年に高校受験を控えている為、独り慣れない土地での生活をすることになったのだ。

築年数不明の古びた1LDK。

彼は多少の自炊ならこなせるのだが、どうしても面倒な為、大半はスーパーで弁当を買って帰るのが日課となっていた。


ある日のこと。

武田さんは弁当を片手に、ぷらぷらと自宅を目指して歩いていた。

既に時刻は二十一時を回ろうとしている。

街灯も疎《まば》らな裏通りは、人気もなく車通りも少ない。

物寂しさを感じた彼は、久しぶりに娘の声を聞きたくなった。

歩きながら携帯で連絡を取ってみる。

「もしもし、パパだけど……」

最近の学校生活、塾のこと、家のこと。話題は尽きずに自宅まで到着していた。

話を続けながら鍵を取り出し、ドアを開ける。

居間へと入り、照明を点けたところで彼は固まった。

目の前に真っ黒な人影がいる。

泥棒……ではない。

立体感を伴った漆黒の人型は微動だにせず、居間の中央の卓袱台の上に立っていた。

顔のパーツの凹凸感は分からない。

それでも、こちらを向いているような気は、何となくした。

「あれ？　パパ？　どうしたの、黙って？」

「あ……ああ。そうだな。うんそうだよ」

思考が停止状態の武田さんは、娘の呼び掛けにも上手く応答ができない。

「あ、あああぁあ⁉」

「どうしたのパパ？」

黒い人影は頭頂部から糸のような物を天井へ向けて伸ばし、そちらの糸が太さを増していくにつれ、反比例するように身体がどんどんと痩せ細っていった。

頭の上の糸の太さは十センチ程で収まったようだが、身体の縮みは継続している。

恐らく、天井を擦り抜けているのだろう。

そう考えるのが自然と思える光景であった。

やがて黒蛇の胴体は天井から生えているかのようになり、程なくして完全に消え失せた。

「パパ、パパってば！」

心配した娘は、ずーっと呼び掛けてくれていたのだろう。

我に返った武田さんは、漸く娘との会話に戻る。

「どうしたのパパ？」

「あー、いやな。パパは寝惚けていたのかもしれない」

「何それ、歩きながら眠れるんだ」

娘の笑い声に少し安堵する。

人影が消えた天井を見つめながら、「これは夢だ」と自分に言い聞かせた。


その日を境に、武田さんは同じ現象を度々目撃する。

起床時、帰宅時、休みの日の日中と、時間に統一性はない。

出現する頻度も、二週間くらい間隔を置くときもあれば、連日ということもある。


「多分、同じ夢を見てるんです。だから気にしないようにすることにしました」

そう話す武田さんだが、人影が消えた後、必ず卓袱台の上には五十センチを超える黒髪が数本残されているらしい。

それを直《じか》に触るのは嫌なので必ずティッシュで掴み、ゴミ箱へ捨てるのがお約束となっているという。

愛情ミシン

森町《もりまち》に住んでいる南原さんの家には足踏みミシンがある。

今は亡き母親が、彼の幼少期に使っていたのを覚えているが、元々は祖母の物だったと記憶している。

そのミシンは、彼が寝ているときに『カタカタ……』と動きだすことがある。

今ではすっかり慣れたが、最初に見たときには大変驚いたという。

ある夜のこと。就寝中の彼は物音に気付き、和室の確認に行くと、ミシンのほうから音がしている。

何だろうと近付いてみると、足踏みの板が前後に揺れている。

『カタカタ……』

機械仕掛けではない為、勝手に動くことは有り得ない。

そっと手を伸ばし、板の動きを止める。

静寂が取り戻された室内。

その後、南原さんが和室から出ようとすると、またカタカタと音を出し始めた。

またミシンのところまで戻って、板の動きを止める。

そんなことを数度繰り返していると、誰も座っていないミシン用の椅子に腰を下ろす母親の姿がぼんやりとだが浮かび上がってきた。

実に懐かしいその姿。

赤い褞袍《どてら》を着て、ミシンで何かを縫っている。

「母さん……」

思わず声が出てしまった。

すると母親の姿は徐々に色を失い、完全に消えてしまった。

ミシンも動きを止めてしまう。

(夢を見たのか……)

彼はそう思うしかなかった。


その後も不定期であるが、ミシンが動くことはあった。

都度確認に行くと、やはり母親の姿がある。

彼は何度も経験する内に、声を掛けてはいけないということに気付いた。

そうすると、朝の四時近くまでは母親はその姿を保っていてくれる。

次の日が休みのときには、ずーっと母親の姿を眺めていた。

（そういえば、夜中によく何かを縫ってたなぁ……）

感傷に浸りながら、母親の横顔を見つめる。

よくよく考えると、母親の姿は南原さんが子供の頃のものであった。

気になった彼は、少し遠巻きに何を縫っているのかを覗き込む。

（ああ……懐かしい……）

見覚えのある自分の服。

裁縫の学校を出ていた母親は、生地を買っては自分の服をよく作ってくれていたのだった。

まさか母親の愛情を亡くなった後で再確認できるとは思っていなかった。

彼の心は幸せな気持ちで満たされていく。


「こんな馬鹿げた話でも、お役に立てるんですか？」

謙虚な南原さんはそう言うが、筆者的には大好物である。

きっと今でもミシンの音を子守唄のようにして、心地良い睡眠を味わっているのだろう。

親孝行

衣川さんは函館市の一軒家で生活している。

父親は、衣川さんが中学のときに交通事故によって突然命を奪われた。

それ以降、母親と二人で生活をしてきた。

その母親も、昨年の春に病気で他界した。

三十代半ばで、それなりに広い家での生活はなかなか寂しいものがある。

別にマザコンだった訳ではない。

ただ、支えとなる家族が一人しかいない状態である。

お互いに助け合いながら、貧しいながらも楽しい暮らしだった。

衣川さんが社会人になったときには母親は号泣した。

「やっとお父さんに、〈私、頑張ったよ〉と報告できる」

そのときに母親が零したこの言葉は、未だに衣川さんの頭から離れない。

社会人になった彼は、一心不乱で仕事に没頭した。

時折、母親から「無理し過ぎるんじゃないよ」と言われていたが、早く本当の意味で一人前になりたかった。

親孝行というものを何一つできないままでの別れは、彼の中で一生消えないものとなる。

母の死から三カ月が過ぎる頃、漸く一人の生活に慣れ始めた。

丁度その頃、社内では大きな取り引きが決まりそうだということで、衣川さんは休みもなく、朝から晩まで働き続けた。

身体に疲労は溜まっている。だが、そんなことを言い訳にしていられない状況。

毎日、「もう少しの辛抱」と自分に言い聞かせて働き続けていた。


ある日の午前二時。

やっと仕事が終わり、帰宅できた。

湯船に浸かって疲れを取りたい、という気持ちがあるが、睡眠のほうがどうしても優先されてしまう。

行儀が悪い話だが、布団に横になり、コンビニで買ってきた菓子パンを頬張《ほおば》る。

睡魔に負けた衣川さんは、食事の途中で眠りに落ちた。

翌朝、目覚ましのアラーム音で目が覚める。

しかし起床予定時間より十五分も過ぎていた。

どうやら目覚ましの音にも気付かずに眠り続けていたらしい。

飛び起きると一瞬でシャワーを済ませ、髪が濡れたまま家を飛び出した。

就業規則としてはまだ遅刻にならない時間なのだが、進めたい仕事が山積みになっている。

この頃の衣川さんの生活はこれが日常であった。


それからひと月程で、大型の取り引きは纏まった。

ようやく普段の生活に戻れると思っていたら、次々と新規の取り引きが舞い込んできた。

会社としては大変有難い話ではあるが、従業員としては堪ったものではない。

少ない社員が全力を尽くしても、無理があることは容易に想定できた。

衣川さんの睡眠時間はどんどんと削られていく。

すると資料を作成しても、単純なミスが相次ぐ。取引先とのスケジュールもダブルブッキングなどを起こしてしまう。

疲弊していてもやるしかない。やらなければいけない。

衣川さんの思考は、完全に壊れ始めていた。


ある夜のこと。

家に着いたのは午前四時を過ぎていた。

（ああ、今日は三時間は寝られるか……）

食事も満足に摂れない生活が続いていたので、彼の身体はどんどん痩せてしまっていた。

その日も、着替えもそこそこに布団に飛び込むと一瞬で意識を失った。

翌朝、目が覚めると妙に身体が軽く感じられた。

時計を確認すると午前六時である。

もそもそと布団から出ると食卓テーブルに座り、用意されていた朝食を取る。

(あー、やっぱみそ汁は美味いなぁ)

卵焼きをつまみ、御飯を掻っ込む。

他のおかずも食べつくし、「御馳走様でした」と言うと、シャワーを浴びて職場に向かった。

それから暫くは朝食を食べる日が続いた。

疲れは完全に抜け切らないが、何とか踏ん張れる状態が続く。

(もうちょっと! 頑張れ俺!)

そればかりを考える生活が二カ月続いた。

すると中途採用の社員が五名増えた。

新人に教えながらだと作業効率はどうしても落ちる。

それでも先を考えると、頑張るしかない。

それから更にひと月が過ぎた頃、少しずつではあるものの漸く余裕ができ始めた。

まだまだ単純な仕事しかこなせない新人だが、猫の手よりは千倍もマシである。

「みんな頑張るぞ」

先輩社員は口癖のようにこの言葉を発し、会社の業績はどんどんアップし続けた。

それから時間は流れる。

つい最近になり、衣川さんは通常の勤務時間に戻れるようになった。

会社も功労を認め、待遇も給料も大きく変わった。

「で、この間の話になるんですが……」

衣川さんは、仕事以外の分野で完全に思考能力が落ちていたことを自覚する。

「朝ごはんを食べている内に〈あれ？　これって誰が作っているんだろう？〉と思ったんですよ」

誰が作ったのかも分からないものを、ここ暫くずっと食べ続けていた。

でも一切嫌な感じもしない。それが当たり前のように受け入れていた。

「いやいやいや、これってダメじゃん。おかしいじゃん。って自分に突っ込んでいたんですよね。すると……」

『仕事は大事かもしれないけど、身体を壊したら意味がないって言ってるでしょ！』

彼の耳元ではっきりと声がした。

優しく、でも少し厳しい口調の言葉。

（ああ……）

彼は漸く理解した。


「死んだ母親に御飯を作ってもらった人間なんて、自分くらいじゃないですかね」

味に馴染みがあった。安心する味だった。

だからこそ、自然と受け入れていたのかもしれない。

「でも、ちょっと寂しいことがあって……」

彼が気付いた次の日から、朝食は用意されなくなってしまった。

でも、自分でちゃんとしよう。身体を大切にしようと思うようになった。

このような形で、彼の親孝行は始まったばかりである。

宝探し

斉藤さんの祖父母は八雲町《やくもちょう》で暮らしていた。

斉藤さんが小学生のときには、夏休みと冬休みには祖父母のところで暮らすのが当たり前のことになっていた。

ある年の夏休み、いつものように斉藤さんは祖父母の家に向かうバスに乗った。

家に着くと、斉藤さんを大歓迎で出迎えてくれる。

「爺ちゃん、婆ちゃん、また来たよ」

「はいはい、いらっしゃい」

祖父母の家は古い物で溢れている。

それが子供心に面白かった。

玄関先にある大きな木彫りの熊などは、ニスが塗られ黒光りしている。

今時売っている物ではない。

他にもリビングに置かれた食器ダンスの中には、試供品の小さなワインボトルやウィスキーが並び、それが斉藤さん的にはとても格好良いものに思えていた。

ダイヤル式の黒電話も、それに掛かっている手製のカバーも、全てが新鮮で興味を惹かれる。

年に二回、それもある程度の期間をそこで過ごしているので普通なら飽きそうなものだが、斉藤さんは毎回ワクワクしながら家中を探索して回った。

ある日のこと。

斉藤さんは祖父の部屋の中をいつものように勝手に探索していた。

押し入れを開けると、下の段に小さな木製の箪笥を見つけた。

(何が入っているんだろう)

興味本位で引き出しを開けてみる。

上段には古びたメモのような物が数枚入っていた。

中段を開けると、見たこともない古銭が二十枚程散乱していた。

(凄い、やっぱ爺ちゃんは凄い)

興奮しながら、下段を開けてみる。

中には茶色く変色した油紙で包まれた物が一つだけある。

折り目のところには、別の紙で封のようなものがされていた。

恐る恐る紙を破らないように慎重に開けようとした。

「こらっ、勝手に入っちゃダメだって言ってるだろ」

振り向くと怖い顔をした祖父が立っている。

「あ……爺ちゃん、ごめんなさい」

斉藤さんは祖父の部屋から追い出された。

「あのね、爺ちゃん。お金がいっぱいあったんだよ。それでね、下には宝物があったんだよ」

いつもは優しい祖父の表情が酷く厳しい。

「あの金なら、後でやる。だけど、他のはダメだ。勝手に爺の部屋に入ったらダメだって、いつも言ってるだろ」

その日の祖父は終始機嫌が悪く、家の何処かで遊んでいる斉藤さんをずっと見張っているように思えた。


それから数日後、昼時に祖父が用事で出掛けるという。

斉藤さん的には絶好のチャンスである。

玄関先で祖父を「いってらっしゃい」と見送ると、台所で何かの作業をしている祖母を確認する。

(よし、今だ)

そーっと祖父の部屋に忍び込むと、押し入れを開けて、気になっていた下段の引き出しを開ける。

――ない。

間違いなくそこにあった筈のものが見当たらない。

別の段と間違えたのかと全ての引き出しを開けるが、何かのメモと油紙の包みだけが消えていた。

正体を掴めないことが悔しい斉藤さんは、祖父の部屋の中を家探しする。

既に「バレないように」という考えは消え失せていたので、荒らすようにあちこちをひっぺ返す。

(ずるい、爺ちゃん。何処に隠したんだよ)

斉藤さんはムキになり過ぎて祖父の服まで衣類箪笥から引き摺り出していた。

「こらっ！　どうして分かんねぇんだ!!」

いつの間に帰宅していたのか、祖父は怒鳴りながら飛びこんできた。

祖父は鬼の形相で、部屋から斉藤さんを引き摺り出す。

そして斉藤さんの首根っこを掴んだまま、電話を掛け始めた。


その日の夜遅く、両親が祖父母の家に到着した。

ペコペコと頭を下げる父親と、祖父を宥め続ける母親。

祖母はそれぞれの間に入るようにして、関係を取り持とうとしていた。

そんなことが十分程続くと、斉藤さんは両親が乗ってきた車に押し込まれ、自宅へと帰された。

斉藤さんはハンドルを握る父親からもきつくお灸を据えられる。

「まあ、父さんの性格上、今年はもう無理だからね」

母親も何処か投げやりである。

小学生の斉藤さんに納得できる話ではないが、親の言うことには従うしかない。

その年の夏休みの残りは、自宅でつまらなく過ごして終わった。


それから季節が変わり、秋を迎えた。

小学校で授業を受けていた斉藤さんを、体育の先生が呼びにきた。

「斉藤君は帰る支度をして、職員室へ来るように」

意味が分からないが、他の生徒からブーイングされた。

何か特別扱いをされたようで、斉藤さんはついついにやけてしまう。

職員室へ行くと、「ここで待っているように」と先生の椅子に座らされた。

それから二十分くらいは経っただろうか。

先程までの楽しい気持ちがどんどんとつまらなくなっていく。

「遅くなりました」

職員室のドアを開けて、焦燥に駆られた母親が入ってきた。

一瞬、嬉しくなったが、母親の言葉でそれもすぐに消えてしまう。

「お爺ちゃんが亡くなったから、一緒に行くよ」

斉藤さんは、実は祖父の葬儀はあまり記憶に残っていない。

動かない祖父の姿を見たことと、泣かない祖母が泣いていたこと。

そして、見知らぬ近隣の人々に囲まれ、居場所がない状態のまま葬儀が終わることをただただ願っていた。

家に帰ったときに、何処かホッとしたことだけは覚えている。


それから月日は流れて冬休みを迎える。

斉藤さんはまた祖母の家に向かった。

「婆ちゃん、来たよ」

「はい、いらっしゃい」

家の中を見てみると、何処か整理されたように思える。

茶箪笥がなくなっているし、漬物樽なども数多く減っていた。

宝箱のようなこの家から物がなくなるのは寂しい。

そして最後は怒られた思い出しかないが、優しかった祖父の姿が見えないこともとても寂しかった。

「婆ちゃん、爺ちゃんの部屋はそのままなの？」

衣類などは処分したことを伝えられる。

祖母に連れられて入った祖父の部屋は、酷く小ざっぱりしていた。

押し入れの中の小さな木製の箪笥はそのままであった。

引き出しを開けてみると、全て空っぽになっている。

「婆ちゃん、ここにあったものは？」

遺品を整理したのは祖母らしいが、この中には何も入ってはいなかったという。

「これくらいの大きさの紙で包んだ奴は知らない？」

斉藤さんの説明が悪かったのか、祖母が本当に知らなかったのかは不明だが、何のことかは分からないという。

斉藤さんは、今回の休みの間に中身を確認するつもりであった。

それが叶わないと分かると大変ショックを受けた。

翌日からの家の探検は酷くつまらない。

何をしても祖母は怒ることもなければ、何処にいても何も言わない。

これまでのワクワクする気持ちは、祖父という存在があってのものだったと思い知らされる。

それでも特にやることがないので、毎日、あちこちを漁り続けていた。

ある日のこと、階段下の収納スペースに潜り込んだ。

そこには以前と変わらず、紐で括られた新聞紙や掃除機などが入っていた。

（やっぱ、何にもないなぁ）

そこから出ようと思ったとき、束の新聞紙の下に敷かれている段ボールが妙に気になった。

その段ボールを除けると、簡素な造りの収納口を見つけた。

恐る恐る、取っ手を引き上げ、収納口を開けてみる。

中を覗き込んでみるが、真っ暗で何も見えない。

斉藤さんは家中を探し回って懐中電灯を見つけ出した。

それを手にして、収納口の中を確認する。

深さは一メートル四方の空間だろうか。

中央の場所に木製のミカン箱のようなものがあった。

斉藤さんの身体の大きさでは、そこに入り込み木箱を上に揚げることなどは到底無理そうであった。

「婆ちゃーーん」

台所にいた祖母を引き摺ってきて、箱の中を見たいと頼み込んだ。

「あらあら、ここにこんな場所があったかしら」

祖母は収納スペースのことを知らなかったらしい。

確かに簡素な扉は手製のもののようにも見える。

もしかしたら祖父が後から作り上げたものかもしれない。

「あたしが入れるかねぇ」

四苦八苦しながらも、孫の為にと祖母は中から箱を取り出してくれた。

出てきた木箱は酷く黴《かび》臭い。

木箱には無数の釘が打ち付けられ、何か開けられないように仕向けられているように思われた。

斉藤さんは何としても中を確認したい。

ただ、祖母は釘抜きが何処にあるのかが分からないし、あったとしても使い方など知る由もない。

「お父さんが来たときに開けてもらいましょ、ね」

祖母はそう言い、階段下の収納スペースの隅に木箱をしまい込んだ。

翌日、斉藤さんは諦めきれず、木箱を前に格闘していた。

手当たり次第に隙間に差し込めそうな物を探しては、てこの原理で少しずつ壊そうとする。

スプーンやら何に使うのか分からない細い棒を、悉《ことごと》く曲げたり折ったりした。

いつまでも埒が明かないので、終いには庭から適当な大きさの石を拾ってきた。

木の節があるところに小石を置き、それを別の石で叩きまくる。

パキッ、と一度罅《ひび》が入ると、木片は面白いように粉々になっていった。

ある程度の空間が確保できると、斉藤さんは中を覗き込む。

どうやら薄茶色の箱のような物が一つだけ見える。

手を伸ばすと、斉藤さんはそれを掴み上げた。

祖母に気付かれないように、背中に隠しながら祖父の部屋に逃げ込む。

さあ、お宝との御対面である。

斉藤さんは慎重に箱の外観から観察する。

薄茶色の箱は紙でできているようで簡単に開きそうだった。

いざ引き開けようとするが、抵抗が掛かる。

そこから更に少し力を入れると、『ビリッ』と何かの紙が破れるような音がして、箱は開いた。

中には以前に祖父の部屋で見つけた、油紙で包まれた物が入っていた。

(爺ちゃん、ここに隠してたんだ)

恐る恐る貼られている封を剥がす。

その上で慎重に油紙をめくっていった。

中から出てきたのは古びた蹄鉄《ていてつ》である。

ただそのサイズは一般のものと比べて極めて小さい。

斉藤さんはそれが馬の蹄《ひづめ》に打つ蹄鉄だとは知らないので、何に使う物なのかを想像する。

（こうやって、いや、ここを掴んで……）
そのとき、祖父の部屋の障子に次々と穴が開いていった。
『ボッ、ボッ、ボッ……』
目には見えない何かが、勢いよく穴を開け続けているように思えた。
呆気に取られてその光景を見つめていると、開ける穴がなくなったのか漸く収まる。
異様な状態だと気付いた斉藤さんは、祖母を呼びに行こうか悩んでいた。
「はいはい、御飯ができましたよ。何処にいるのかな」
祖母の声が聞こえた瞬間、斉藤さんは思わず叫んでいた。
自分を呼ぶ孫の悲鳴に血相を変えた祖母が、部屋に駆け付けた。
『ボッ‼』
先程までとは比べ物にならない音が聞こえ、押し入れの襖に大きな穴が開いた。
と同時に祖母は倒れてしまう。
斉藤さんが見た限り、何かが祖母に当たった訳ではない。
しかし祖母は倒れて、幾ら呼んでも反応をしてくれなくなった。
泣きながら斉藤さんは黒電話に飛びつく。
そこにマジックで記されてあった実家の電話番号を頼りに、必死にダイヤルを回した。
「婆ちゃんが、婆ちゃんが死んじゃったー」

その後のことはあまり記憶にない。

台所の隅でしゃがんでいたような気もするし、大した時間も経っていないのに、両親が来てくれたと思って、玄関先に駆け付けたりもした。

それからどれくらいの時間が経過したのかは分からないが、気が付くと母親がいた。

祖母の周りをうろうろしたり、電話を掛けたりしていたのは覚えている。


「確か発作での死亡、ということになっていた筈です」

当時はパニック状態だった斉藤さんだが、後々、気になることが出てきた。

——あの蹄鉄はどうしたのだろう。

母親に聞くと、簡単に答えが出てきた。

祖母の元に駆け付けた際、息絶えた祖母は蹄鉄をしっかりと握りしめるようにしていたという。

それ程大事な物だったのなら、と父親と話し、祖母の身柄とともに火葬した。

その後、祖母の遺骨を拾う際、何処を探しても見つからなかったので、焼け溶けてしまったものだと思っていたらしい。

(そんな筈はない。祖母が部屋に入ってきたときには、手元に蹄鉄は確かにあった。そのまま

祖母は倒れてしまったので、蹄鉄を握る暇などは有り得なかった）
子供の頃の記憶なので曖昧だが、その蹄鉄はしっかりとした重量も伴っており、火葬で完全に消え失せるとは到底思えない。
「ミニチュアサイズの蹄鉄といえますが、あのとき障子や襖に穴を開けたのは馬の蹴り足だったような気がして……」
祖父母がいない今となっては、全てが謎のままである。

あとがき

皆様、北怪導は如何でしたでしょうか？

ここに収録されたお話の通り、何げない生活の中で数多くの人々が実は霊体験をしているということがよく分かります。

その体験者の方々が私にお話を預けてくださったおかげで、このように世の中の一定層に周知することができます。

怖い思いなどはまっぴらごめん。普通はそう思うでしょう。

でももし、始まりの段階で、紹介されたお話に似た状況であれば、途中回避することも可能なのかもしれません。

勿論、分岐点での選択は皆様に委ねられることにはなるのですが……。


さて、今回も執筆に当たり、色々と不幸ごとが降り掛かって参りました。

命の大切さというものを痛感しました。

悲しい別れもありました。

それでも書き上げることができたのは、読者の皆様がいるという支えと、関係者の方々の御尽力のおかげです。

心からの御礼を申し上げます。

最後になりますが、元号が変わり巷では新型コロナウィルス問題が猛威を揮《ふる》い、今現在、収束の目途が立っていない状況です。

できれば次回作でまた新しいお話を御紹介できるよう、生き長らえたいとは思っております。

皆様もどうか健康に留意していただき、怪異を良い意味で楽しんでいただけますようお祈り申し上げます。

令和二年　蝦夷月　忌日

服部義史

蝦夷忌譚 北怪導

2020年5月4日　初版第1刷発行

著　服部義史

装丁　橋元浩明（sowhat.Inc）
発行人　後藤明信
発行所　株式会社　竹書房
〒102-0072　東京都千代田区飯田橋2-7-3
電話 03-3264-1576（代表）
電話 03-3234-6208（編集）
http://www.takeshobo.co.jp
印刷所　中央精版印刷株式会社

定価はカバーに表示しています。
落丁・乱丁本は当社までお問い合わせ下さい。

ISBN978-4-8019-2252-5 C0193